Règlement donné par une dame de haute qualité à M*** sa petite-fille, pour sa conduite, & pour celle de la maison : avec un autre règlement que cette dame avoit dressé pour elle-mesme

Cet ouvrage a été publié pour la première fois en 1997 dans la collection *Textes de la Renaissance* dirigée par Claude Blum.

Jeanne de Schomberg

Règlement donné par une dame de haute qualité à M*** sa petite-fille, pour sa conduite, & pour celle de la maison :

avec un autre règlement que cette dame avoit dressé pour elle-mesme

Édition critique par Colette H. Winn

PARIS
CLASSIQUES GARNIER

Colette H. Winn, professeur émérite de langue et de littérature françaises, enseigne à L'université Washington de Saint-Louis. Ses travaux et éditions scientifiques sont dédiés à la littérature féminine des XVIe et XVIIe siècles. Elle a notamment dirigé les volumes collectifs *L'Éducation des filles sous l'Ancien Régime* (Seattle, 1997) et *Veufs, veuves et veuvage dans la France d'Ancien Régime* (Paris, 2003).

Réimpression de l'édition de Paris, 1997.

ISBN 978-2-406-14315-4 (livre broché)
ISBN 978-2-8124-5627-5 (livre relié)
ISSN 1262-2842

C'est une occupation et une fonction vraiment divine que d'[...] enseigner aux autres.
— Jouvency, *De ratione discendi et docendi*

Notre siècle a perdu la mémoire exacte du passé,
il n'en exhume que les héroïnes,
doubles féminins d'un idéal masculin
et oublie les saintes...

Paule Constant

INTRODUCTION

Bien qu'elle ait été en relations avec de nombreux hommes de lettres qui se trouvaient au centre de la vie littéraire de Paris, Jeanne de Schomberg, Duchesse de Liancourt (1600-1674), reste aujourd'hui inconnue du grand public. Le nom de son mari, par contre, figure dans les anthologies ou les histoires de littérature modernes, en général associé à celui d'Antoine Arnauld. Le 31 janvier 1655, Charles Picoté, le vicaire de la paroisse de Saint-Sulpice refusait l'absolution au Duc de Liancourt pour ses sympathies jansénistes. Arnauld qui sans doute vit là l'occasion d'exposer ses adversaires, rendit l'affaire publique dans une lettre datée du 24 février de la même année, dont on fit trois éditions en dix jours: *Lettre d'un docteur de Sorbonne à une personne de condition: sur ce qui est arrivé depuis peu dans une paroisse de Paris à un seigneur de la cour.* La lettre d'Arnauld provoqua de nombreuses réponses des intéressés, auxquelles il répliqua dans une seconde *Lettre à un Duc & Pair* (M. de Luines), datée du 10 juillet 1655[1].

On attribue à Jeanne de Schomberg quelques poèmes inclus dans le *Recueil de vers choisis*, publié en 1693 par le R. P. Bouhours à Paris chez George et Louis Josse, quelques pièces sur le Saint Sacrement et l'Incarnation dont nous n'avons pu retrouver la trace[2], et un manuel d'éducation intitulé *Reglement donné par une Dame de haute qualité à M^xxx^ sa petite-fille pour sa Conduite, & pour celle de sa Maison. Avec un autre Reglement que*

---

1 On lira le récit que M. de Liancourt fait de ce démêlé avec sa paroisse dans les *Mémoires de M. de Beaubrun*, t. III (BN, ms. fr. 13895-13896). Sur cette affaire et l'engagement des Liancourt dans la cause janséniste, cf. Jean Lesaulnier, «Les Liancourt, leur hôtel et leurs hôtes (1631-1674)».

2 Publiées vraisemblablement sans nom d'auteur dans un quelconque recueil de *Poesies chrestiennes*.

cette Dame avoit dressé pour elle-mesme. Cet ouvrage fut publié en 1698, soit 24 ans après la mort de l'auteur, par les soins de l'abbé Jean-Jacques Boileau, chanoine de Saint Honoré à Paris, qui avait connu Jeanne de Schomberg les onze dernières années de sa vie. Il eut, jusqu'en 1881, cinq éditions dont deux au dix-huitième siècle et trois au dix-neuvième. Dans la dernière édition qui parut sous le titre *De l'éducation chrétienne des jeunes gens et des jeunes demoiselles; ouvrage utile et nécessaire aux enfans de l'un et de l'autre sexe, ainsi qu'aux Instituteurs et Institutrices, et aux parens qui veulent donner la dernière instruction à leur famille*, les deux *Reglements* sont suivis de quatorze entretiens sur les devoirs de la vie civile et les principes importants de la vie chrétienne, préalablement publiés par l'abbé Marsollier, et de plusieurs anecdotes morales destinées à montrer aux jeunes lecteurs les principes de la religion et de la sagesse. Dans l'*Avis* au lecteur, l'éditeur dit son intention de ressusciter un ouvrage très bien accueilli en son temps afin de présenter «des vues excellentes [...] pour l'instruction des jeunes personnes, jointes à des sentimens de piété, qu'on ne saurait trop graver dans le coeur». Et celui-ci de conclure:

> Il serait bien difficile, surtout de nos jours, de trouver beaucoup de *modèles* semblables à l'auteur.

Les siècles passés ont célébré en la personne de Jeanne de Schomberg le *modèle* de la femme, de l'épouse, de la mère *idéale*, le patron sur lequel de génération en génération les filles seraient formées. L'exaltation de l'idéal féminin (inchangé à travers les siècles)explique le succès durable de l'ouvrage en même temps que le nom tombé dans l'oubli, l'absence de renom. En vérité, il n'est guère étonnant que le public moderne, davantage épris de distinction, d'individualisme, d'originalité que celui des siècles précédents, n'ait pas choisi d'acclamer cette voix de femme qui, de son plein gré, s'est condamnée à l'anonymat et à l'obscurité[1].

---

[1] Voir notre article «La fille à l'image de la mère: Jeanne de Schomberg, *Reglement donné par une dame de haute qualité ... à sa petite fille ... (1698)*».

I. UNE HISTOIRE, UN NOM, UN ANONYMAT CONSENTI

Dans son *Avertissement*, l'abbé Boileau retrace la vie de Jeanne de Schomberg. Nous nous contenterons d'évoquer ici les grands événements qui ont pu influer sur la pensée de Jeanne de Schomberg et les aspects de sa personnalité qui préfigurent le modèle féminin dépeint dans le *Reglement*.

La vie de Jeanne de Schomberg fut marquée par deux faits inoubliables: 1) la mort précoce de son fils unique qui avait alors une fille, Jeanne-Charlotte de La Rocheguyon, que Jeanne de Schomberg élèvera comme sa propre fille. C'est à son intention que le *Reglement* a été écrit; 2) les écarts de conduite de M. de Liancourt, tout au moins dans les premiers temps de leur mariage, qui eurent pour Mme de Liancourt des conséquences singulières. Il semble en effet qu'elle ait vu là un appel de Dieu, l'occasion de réaliser l'idéal de perfection qu'elle s'était fixé. Les déboires conjugaux contribuèrent à l'affermissement de sa foi et à l'acquisition de vertus stoïques, notamment cette force d'âme qui lui permit de dépasser sa misère, de s'affranchir de ses passions, en même temps que la volonté d'essayer de chercher par tous les moyens à convertir son mari à la dévotion. Le Château de Liancourt, conçu d'après des plans qu'elle aurait tracés elle-même, fut construit dans l'intention d'éloigner M. de Liancourt de la Cour qui était un milieu particulièrement exposé au vice.

Jeanne de Schomberg consacra toute sa vie à l'amour, l'amour de Dieu, l'amour de son mari, l'amour de son prochain. Sa piété et sa débonnaireté sont devenues légendaires. Dans son *Avertissement*, le Père Boileau la dépeint comme une héroïne du dévouement conjugal pour s'être contentée d'aimer dans l'ombre et s'être appliquée à réformer son époux par l'exemple de sa vie. Ce sont ses qualités exceptionnelles, le contrôle de soi, sa «douceur» et sa fermeté, qui contribuèrent à sa réussite. Elle parvint non seulement à convertir M. de Liancourt à la dévotion, mais aussi à gagner son amour et son respect.

La renommée de sa famille et de celle à laquelle elle s'unit par le mariage[1], une éducation bien au dessus de son sexe, tout en somme prédestinait Jeanne de Schomberg à figurer au rang des *femmes illustres*. Son nom pourtant ne figure nulle part dans les dictionnaires bio-bibliographiques de l'époque. Peut-être parce que, comme l'a montré Noémi Hepp, l'idée de *femme illustre* interfère avec l'idée de femme parfaite, de *femme modèle*[2]. Pour le grand siècle en effet, la *femme modèle* est celle qui demeure *dedans les ténèbres*[3], autrement dit c'est la femme sans nom qui consent au rôle anonyme que la société lui a prescrit. Telle est l'image que les éditeurs du *Reglement* nous donnent de son auteur:

> [C'était] une dame des premières maisons du royaume, et faite, si elle l'avoit voulu, pour être l'un des principaux ornemens de la cour de Louis XIV; mais elle préféra de vivre dans la retraite, occupée du soin de son domestique, de l'éducation de ses enfans, et livrée à toutes les pratiques de la Religion, autant que les devoirs indispensables de son rang pouvaient le lui permettre.
>
> (*De l'éducation chrétienne,* ij)

Telle est l'image qui transparaît dans le *Reglement*. Jeanne de Schomberg résiste à s'introduire dans son oeuvre comme pour laisser en pleine lumière la leçon qu'elle énonce. Cependant, ses nombreuses vertus n'échappent pas au lecteur. La soumission à la volonté de Dieu manifestée par l'ordre d'un supérieur fournit le prétexte à l'écriture féminine: «Puisqu'une personne qui a pouvoir sur moy, veut, ma chere Fille, que je vous represente les obligations particulieres de vostre condition ... je vous diray le mieux que je pourray ce que j'en ay apris par l'instruction et par

[1] Roger Duplessis de la Roche-Guyon, Duc de Liancourt et Pair de France, était fort aimé et considéré du roi Louis XIV.

[2] «La notion d'héroïne», p. 16.

[3] La femme, dit le P. Dinet dans son *Théâtre François des Seigneurs et des Dames* (1642), «doit imiter cet Astre de la nuit, lequel ne paroist jamais tant, que quand il respand ses rayons dedans les tenebres ...» (p. 30). Cité par N. Hepp, p. 16.

l'experience» (*Preface*). La profonde piété imprègne pratiquement toutes ses recommandations: «je prétens vous avertir seulement d'ajoûter ces motifs Chrétiens à vostre pente naturelle» (I, iv, 3)[1]. La modestie et l'humilité ponctuent son propos[2].

Tout l'horizon de Jeanne de Schomberg, on le voit dans le *Reglement que cette Dame avoit dressé pour elle-mesme*, fut la pratique des vertus, non point les «vertus d'éclat», mais les vertus *secrètes*, ces vertus de perfection que sont la prière, la pénitence, la soumission à la volonté de Dieu, les vertus chrétiennes d'humilité, de patience, et de douceur qui concourent au développement de la tranquillité, les vertus proprement féminines, la pudeur, la modestie, la retenue.

Ce bref exposé de la vie et de la personnalité de Jeanne de Schomberg permet de faire ressortir les principes essentiels de son enseignement, notamment la haute conception du devoir et la recherche de la perfection qui consiste principalement à aimer Dieu de tout son coeur, et le prochain comme soi-même.

II. ETUDE DU TEXTE

Si, au siècle des Lumières, l'intérêt des femmes écrivains pour la pédagogie va s'accroissant[3], au dix-septième siècle, les femmes moralistes ne tiennent encore qu'une mince place dans l'immense champ de la littérature morale. «A l'exemple de Mlle de Gournay», dit Linda Timmermans, «il s'agit de mondaines qui, ou bien espèrent transmettre leur expérience personnelle (Mme de

---

[1] On désignera le premier *Reglement* par I, le second par II.

[2] Ces qualités éminemment féminines ont valu à la Duchesse de Liancourt la haute estime de son entourage: «Elle eut de la piété dès sa plus tendre jeunesse. Sa modestie et sa pudeur estoient si grandes, que jusqu'à la fin de sa vie elle n'auroit pas voulu parler seule à quelque homme que ce fût, sans que la porte demeurast ouverte, ou qu'il y eût une troisiéme personne» (J.J. Boileau, *Avertissement*).

[3] Cf. R. Baader, «Die Literatur der Frau oder die Aufklärung der Kleine Schritte».

Lambert) ou bien sont stimulées par un milieu (aristocratie gagnée au jansénisme, dans le cas de Mme de Liancourt ou Mme de Sablé) ou par des occupations (la direction de St. Cyr dans le cas de Mme de Maintenon) favorables à la réflexion morale ou à la réflexion pédagogique» (*L'accès des femmes à la culture*, p. 210).

Le *Reglement* se place dans toute une filiation de livres de piété adressés aux laïcs, et tout spécialement aux Dames de la noblesse. L'*Introduction à la vie dévote* de François de Sales (1609) est généralement considéré comme le modèle du genre. On sait l'influence que cet ouvrage exerça sur les théoriciens de la dévotion dans le monde[1]. On verra ici jusqu'à quel point Jeanne de Schomberg a intériorisé la spiritualité salésienne. Le *Reglement* relève aussi de la littérature des états et des *avis parentaux*. Il existe en effet dans la culture occidentale une longue tradition d'ouvrages didactiques à l'usage des femmes dans lesquels est tracé le portrait de la femme, de la mère idéale[2]. Cette production est issue, pour la majeure partie, de la plume des hommes, théologiens, moralistes, hommes de lettres. Il faut attendre la Révolution pour voir se multiplier les traités d'éducation écrits par les femmes, invitant les mères à prendre conscience de leur responsabilité. Le *Reglement* s'inscrit ainsi dans le mouvement de revalorisation de la famille qui allait de pair, depuis Erasme (*Institution du mariage chrestien*, 1526) et Vivès (*Institution de la femme chrestienne*, 1523), avec le mouvement de réhabilitation du mariage et de la mère éducatrice. Tout au long de l'époque classique, on voit proliférer, en grande partie sous l'impulsion des Jésuites[3], dissertations, traités, discours, divers par le ton et la forme, mais analogues par leur objet, celui d'élaborer une pédagogie de la famille chrétienne.

---

[1] Cf. entre autres R. Bady, J. Calvet, L. Cognet, L. Timmermans.

[2] Sur cette tradition, voir Nancy Armstrong et Leonard Tennenhouse. Sur le Moyen Age, voir plus particulièrement Diane Bornstein, Alice Hentsch et Eileen Power; sur les XVIIe et XVIIIe siècles, voir Jeannette Geffriaud Rosso et Paule Constant.

[3] Cf. Henri Brémond, *L'histoire du sentiment religieux*, t. IX, p. 289sq.; Louis Chatellier, *L'Europe des dévots*, p. 160sq.

La composition et l'organisation du recueil sont on ne peut plus conventionnelles. Le *Reglement* commence en effet, comme la plupart des ouvrages éducatifs destinés aux femmes, par le rappel de la faute originelle, l'évocation de la mort prochaine et du Jugement dernier. Plusieurs articles sont consacrés à l'instruction et la pratique religieuses qui constituent une part essentielle de l'enseignement[1]. Suivent alors les préceptes moraux et de minutieuses prescriptions concernant l'hygiène, le maintien, l'habillement, les occupations et divertissements, les devoirs d'une femme envers son mari, la conduite dans le monde, l'éducation des enfants, le gouvernement de la maison et des terres, la direction de la domesticité, la surveillance des dépenses, l'usage du bien. En ce sens qu'il reprend les grands principes d'éducation transmis de génération en génération (la piété envers Dieu, la soumission et l'obéissance au Souverain, le respect à l'égard des parents, la civilité à l'égard de ses semblables[2]), on peut dire que le *Reglement* s'inscrit dans le *canon* pédagogique. On présentera ici les grandes lignes de cet enseignement en en indiquant l'actualité et l'originalité. Nous voudrions montrer comment, en dépit d'innombrables échos, ce texte tend à prendre, à la faveur de certains rapprochements et surtout à cause de sa forme, une dimension personnelle, comment Mme de Liancourt parvient en conciliant des notions en apparence contradictoires à réhabiliter l'image de la femme.

1. Valeur documentaire et pédagogique

On peut voir là une riche contribution à l'histoire sociale du temps. Le *Reglement* nous renseigne sur la mentalité religieuse du

---

[1] Le premier devoir du précepteur, dit Jeanne de Schomberg, sera d'apprendre aux enfants «la dignité de leur condition de Chrestiens» (I, xii, 1).

[2] Ces principes reviennent sans faute sous la plume des théoriciens de l'honnêteté, cf. entre autres Coustel, *Les regles de l'éducation des enfans*, t. I, Part. I, p. 16: «lorsque des enfans ont esté bien élevez, ils sont d'ordinaire pieux envers Dieu, soûmis & obeissans à leurs Princes, respectueux envers leurs parens, & civils envers tout le monde».

siècle, le rôle primordial des femmes dans la transmission de la foi, l'importance qui leur est accordée en cette première moitié du dix-septième siècle par l'Eglise catholique. Issu du milieu parisien lettré, cet ouvrage fournit aussi de précieux renseignements sur les moeurs et les usages contemporains, i.e. la pratique du duel, les modes vestimentaires, le train de vie des riches auquel plusieurs chapitres sont consacrés ainsi que sur les questions les plus débattues à l'époque, la manière pour le chrétien de vivre dans le monde, l'évangélisation des pauvres, les divertissements, la légitimité de la mode dans la société, les vocations forcées, la question des bénéfices, la définition du point d'honneur, l'éducation des filles.

La valeur pédagogique de cet ouvrage n'est pas négligeable. Le programme d'instruction a été pensé avec soin. A la suite de conseils d'ordre général, la jeune fille est préparée graduellement à son futur rôle d'épouse, de mère, de dame terrienne, à des devoirs et obligations qui augmentent avec l'âge et l'expérience. La morale élevée paraît bien adaptée à la condition de celle à qui elle s'adresse. Les enseignements moraux révèlent une finesse d'observation et une connaissance assez remarquable du coeur humain. Enfin, les conseils pratiques sont remplis de bon sens et de mesure.

Jeanne de Schomberg se fait une idée très haute de l'éducation. Elle y voit tout d'abord une exigence naturelle, imposée aux parents et, en particulier, à la mère[1],

> L'inclination que l'on voit, dans tous les animaux d'aimer leurs petits, de les nourrir, de les élever, et de procurer leur bien, quand ils ne sont pas en âge de le connoître et de le chercher, montre que Dieu a voulu leur imprimer ce sentiment, pour les faire servir d'exemple et de reproches aux creatures

[1] Cf. Fortin, *Testament*, Part. III, ch. 3, p. 280: «Je remets le surplus de vostre direction à vostre mere, qui sçait mieux que moy comme il vous faut gouverner. Elle craint Dieu, elle aime son mary, elle a soin de son mesnage, elle est humble & modeste, & si avisée qu'assez souvent j'ay besoin de son conseil».

> raisonnables qui seroient assez dénaturées pour y manquer. (I, vi, 1)

Elle prend très au sérieux le devoir qui lui incombe en tant que mère. Elle sait que c'est par l'exemple que le maître forme son élève, par son amour que la mère inculque l'amour à sa fille, par sa vertu qu'elle dispose le jeune esprit au désir du bien. L'importance que Jeanne de Schomberg attache à l'enseignement par l'exemple nous a valu le second *Reglement*, journal intime dans lequel sont consignées dans leurs détails les plus menus les expériences et activités quotidiennes de l'auteur (*Reglement que cette Dame avoit dressé pour elle-mesme*). C'est là qu'on découvre la personne exemplaire de Jeanne de Schomberg et «on ne peut s'empêcher, en lisant ces règles de conduite, d'en aimer le modèle, et d'admirer les sentiments qui les ont dictées» (*Reglement*, 1779, *Avertissement*, vij). Dans le double exemplaire, la jeune Mlle de La Roche-Guyon peut se voir dans son futur rôle d'éducatrice. Dans l'image de la *Mère idéale*, la grandeur de sa destinée lui est révélée.

Pour Jeanne de Schomberg, l'éducation est aussi un devoir humain, le devoir qui imcombe aux maîtres vis-à -vis de leurs serviteurs:

> Dieu nous oblige [...] à des devoirs mutuels les uns envers les autres ... Vous leur (=les domestiques) devez vos soins pour leur ame par la priere pour eux, par l'instruction, le bon exemple, et la correction. (I, xi, 2 & 4)

L'instruction envisagée ici n'a pas pour but de corriger les inégalités sociales, mais de favoriser l'éveil du sentiment religieux, la formation du sens moral. Négliger l'éducation morale et religieuse de ses serviteurs est grave car il y va du salut.

Le *Reglement* et la dévotion civile

Dans son *Introduction à la vie dévote*, François de Sales montrait que la perfection chrétienne n'est pas l'unique apanage de ceux qui vivent dans l'état religieux, mais qu'elle est à la portée d'un chacun, quelle que soit sa vocation.

> Chaque vacation a besoin de prattiquer quelque speciale vertu: autres sont les vertus d'un prelat, autres celles d'un prince, autres celles d'un soldat, autres celles d'une femme mariee, autres celles d'une vefve; et bien que tous doivent avoir toutes les vertus, tous neanmoins ne les doivent pas également prattiquer, mais un chacun se doit particulierement addonner a celles qui sont requises au genre de vie auquel il est appellé. (Part. III, ch. 1, p. 134)

Ce passage inspira de nombreux auteurs qui tentèrent à leur tour de définir un style de vie qui réconcilierait les exigences de la conscience religieuse avec les exigences de la vie sociale, les devoirs d'état. L'enseignement de Jeanne de Schomberg relève du même effort d'accorder la dévotion avec la condition dans le monde afin de former des «Chrestiens et courtisans tout ensemble» (I, viii, 1). La «vie mêlée», telle que la définit le P. Surin dans son *Guide spirituel* (Part. II, ch. 4, p. 113), cette vie qui «joint la piété et l'intérieur véritable avec les occupations qui sont nécessaires à la vie humaine», paraît très proche du style de vie que l'auteur propose ici[1].

Le *Reglement* comporte maints souvenirs des ouvrages d'instruction et d'édification religieuses, des guides spirituels qui enseignaient pareillement à fuir le péché et à gagner le Ciel par la peur de la mort et la crainte du diable. Il faudra, rappelle Jeanne de Schomberg à maintes reprises, «rendre un jour bon compte de nostre administration temporelle aussi bien que de la spirituelle» (I, i, 4). La vie ici-bas n'est à ses yeux que le préambule à l'autre vie: «le temps present ne nous est donné que pour gagner par

---

[1] Dans la mouvance salésienne, cf. aussi J. P. Camus, *L'acheminement à la dévotion civile* (1624); le P. Le Moyne, *La dévotion aisée* (1652); le P. Caussin, *La Cour sainte* (1664), etc. Sur ces derniers, on lira avec profit les articles de Volker Kapp et Elfrieda Dubois, in *Les Jésuites parmi les hommes aux XVI*e *et XVII*e *siècles*, p. 141-52 et 153-62. Sur les théoriciens de la dévotion, voir L. Timmermans, p. 397-497.

nostre fidelité et par nostre travail l'éternité bien-heureuse» (I, i, 3). Les actions quotidiennes sont jugées en fonction de leur valeur pour la vie éternelle. Est ainsi valorisé tout ce qui est susceptible d'assurer le salut:

> Après je regarderay mon memoire pour voir ce que j'ay à faire et ordonner ce jour là . Je considereray bien si tout est selon Dieu, et quel profit j'en puis tirer pour mon salut» (II, 4).

L'auteur s'attarde longuement sur les pratiques de dévotion (assistance à la messe, pratique assidue de la prière, confession, communion, lecture spirituelle, mortification, oeuvres de charité[1]) qui sont le fondement de la vie quotidienne. Le second *Reglement* nous renseigne sur l'usage que Jeanne de Schomberg fait de son temps. Sa journée est rythmée par des prières et des exercices de piété. C'est une action de grâces dès le réveil, suivie d'une demi-heure d'oraison, l'examen de conscience avant le dîner, l'assistance à la messe ensuite, et même programme le soir. La journée ne s'achève pas sans dire ses prières.

La pédagogie chrétienne a comme visée principale d'instruire les enfants dans la foi chrétienne en leur inculquant le respect des choses saintes et les vertus chrétiennes: l'humilité, l'obéissance, la patience, le pardon des injures, le mépris des préoccupations mondaines, les devoirs à l'égard de Dieu et du prochain (I, viii, 11; II, 17 à 38). Nombreuses sont à l'époque et dans le *Reglement* les réflexions sur les richesses, l'usage du bien, les responsabilités qui incombent aux Grands, l'évangélisation des pauvres (I, iii & xii; II, «Pour nos domestiques»). Il est évident que l'auteur met ici à profit les enseignements de Vincent de Paul qui était l'ami de M. de Liancourt, et ceux de la prédication missionnaire en général. Leur influence se manifesta vers le milieu du dix-septième siècle par l'introduction de sujets «familiers» dans les discours prononcés

1 Les oeuvres de charité, dit Carla Casagrande, garantissent le contrôle sur «la tumultueuse affectivité féminine qui, au lieu de se disperser en affections illicites et en vains désirs, se trouve ainsi canalisée au service d'une juste cause». Cf. «La femme gardée», in *Histoire des femmes*, p. 110-11.

devant les auditoires mondains, i.e. la mode, le mariage, les lectures, etc. Plus tard, note Jacques Truchet, «avec l'Abbé Boileau et Bourdaloue, il devient courant de prêcher dans Paris sur les richesses, la luxure et toutes les tares de la haute société en multipliant les détails»[1].

La pensée spirituelle et la pensée civile s'interpénètrent ici de telle manière qu'il est pratiquement impossible de les distinguer. Un certain nombre de prescriptions, i.e. le refus des parures du corps, la sobriété de l'alimentation, la retenue des gestes, l'usage modéré de la parole[2], le contrôle de ses émotions ressortissent aussi bien à l'ensemble de la morale, de la civilité[3], ou de la religion. A la manière des théoriciens de l'honnêteté, notamment Antoine de Courtin dont le *Nouveau Traité de la civilité* connut un succès considérable à l'époque, Jeanne de Schomberg aborde la question de la civilité d'un point de vue moral et religieux qui lui confère une dimension universelle. La civilité telle que notre auteur la conçoit, au contraire de la civilité mondaine dictée par le

1 Cf. «La substance de l'éloquence sacrée d'après le XVIIe siècle français», p. 323.

2 En bon chrétien et sujet vertueux, l'homme est tenu de retenir sa langue. Dans son journal, Jeanne de Schomberg avoue préférer l'écoute à l'éloquence, l'art de se taire à l'art de la conversation: «Quand je seray en compagnie je prendray garde de ne parler pas trop, afin d'éviter les pechés innombrables de la langue, et de ne contrister pas les autres, les empêchant de parler à leur tour; et sur tout j'essayeray de ne parler point des choses qui me touchent ou les autres, sans quelque necessité» (II, 21). Economie de la parole qui marquerait selon J.J. Courtine et C. Haroche, l'un des points de rencontre du christianisme et de la société, «un indice crucial de la lente transformation des pratiques religieuses en pratiques civiles»: «Au silence de la foi, à l'isolement de la conviction ou de la ferveur ont succédé ces arts discrets que l'on pratique en compagnie: ceux de la circonspection, de l'attente, de l'occasion; qui apprennent à retenir les mots, sans trop déguiser ceux qu'on laisse échapper; à se taire, sans trop fermer son coeur; à être réservé, sans être sombre ni taciture» (*Histoire du visage*, p. 231).

3 Sur la définition et l'histoire du concept de civilité, cf. Philippe Ariès, *L'enfant et la famille sous l'Ancien Régime*, p. 408-51; Roger Chartier, *Lectures et lecteurs dans la France d'Ancien Régime*, ch. II, p. 45-64; *De la Renaissance aux Lumières*, éd. Roger Chartier, Part. II; Norbert Elias, *La civilisation des moeurs*, Part. II, ch. III, p. 77-120.

seul souci de la réputation, se fonde sur l'esprit de l'Evangile et regarde autant le salut que la convenance sociale. S'appuyant sur les vertus chrétiennes de modestie, d'humilité et de charité, la civilité est le fait d'un chacun, indépendamment de son rang ou de sa classe, la manière dont chaque être fait connaître dans le domaine de la vie sociale «la dignité de [sa] condition de Chrestien». La civilité chrétienne ainsi définie n'est pas pour autant dépourvue des distinctions sociales qui dans les traités de bienséance mondaine commandent les conduites. Jeanne de Schomberg respecte scrupuleusement les différences sociales et juge essentiel d'inculquer à son élève le sentiment des innombrables nuances qui doivent différencier le discours et les manières selon la situation, le temps, le lieu de la rencontre, la qualité, l'âge, l'humeur de celui à qui on s'adresse, les rapports existants entre les différents protagonistes. Ces diverses prescriptions sont toujours dictées par le bon goût, le sens de la mesure, de la nuance, et tout spécialement le souci de sincérité. Ce n'est pas le manque de naturel dont Jeanne de Schomberg se soucie lorsqu'elle bannit l'excès de civilité, la politesse outrée, mais plutôt le manque d'honnêteté qui corrompt tout rapport humain.

Le *Reglement* et la tradition des *Avis parentaux*

On retrouve dans le *Reglement* toutes les questions abordées dans les *Avis parentaux*, l'éducation des filles, l'usage du temps, l'entrée dans le monde, le mariage, le rôle de la mère, et c'est peut-être là que se fait sentir le plus fortement le conformisme de l'auteur.

De l'éducation des filles

C'est conformément aux voeux du père et du mari que Jeanne de Schomberg propose d'éduquer les filles, dans la crainte de Dieu, dans le respect de la tradition, des lois et des conventions sociales, dans la stricte subordination à l'homme. Elle insiste tout particulièrement sur le maintien des marques traditionnelles de soumission et de respect: «Il respecte ses superieurs, parce qu'il les considere comme ayant la puissance de Dieu en eux ...» (I, viii, 16). Tout ce qu'elle a appris de sa propre mère, son savoir et son savoir-faire acquis dans les exigences du quotidien, la mère le transmet à sa fille. La femme qu'elle forme est donc une femme de son temps, une femme qui en a les idées et les préjugés. Ainsi dans la société patriarcale d'Ancien Régime, la mère figure-t-elle comme l'élément stabilisateur. Prenant le relais du Père, elle opère un prudent contrôle sur sa fille dans le but de former un être qui coopère et obéit, c'est-à -dire un être identique à elle-même et donc, acceptable à son groupe social[1]. Pour préparer la jeune fille à sa future vocation d'épouse et de mère, Jeanne de Schomberg souligne la nécessité de lui former un caractère docile, de l'exercer à la contrainte. La mère reproduit ainsi à l'égard de sa fille les pratiques répressives auxquelles elle a été sujette: «Accoutumez les de bonne heure à rompre leurs volontés en rompant leurs petits desseins [...] apprenez leur à souffrir ces privations pour plaire à Dieu, pour s'accoutumer à luy obeïr, et pour rendre leur humeur facile à se soumettre à la raison» (I, ix, 11).

Il est évident à la lecture du *Reglement* que la fin de l'éducation n'est pas pour Jeanne de Schomberg le développement, l'enrichissement intellectuel de la femme. Le programme d'instruction proposé se limite au strict nécessaire. Il permet toutefois de s'acquitter des «obligations particulieres de vostre condition» (I, *Preface*), d'entendre «ce que l'on dit ... d'un peu élevé ou extraordinaire» et à l'occasion d'«entrer dans la conversation des gens sçavans ...» (I, viii, 2). Jeanne de Schomberg reprend à son compte certaines des réserves des pédagogues de son temps en ce qui concerne l'initiation aux savoirs profanes[2]. Il faut,

---

1 Sur cette notion d'acceptabilité, voir Sara Ruddick, «Maternal Thinking», in *Mothering: Essays in Feminist Theory*, p. 215.

2 «Il n'y a rien dans tous les Auteurs profanes», dit Coustel, «qui soit comparable à ce que vous y [=dans l'Ecriture Sainte] verrez: car tous les Historiens Grecs ou Latins n'ont rapporté que les actions des hommes; au lieu que l'Ecriture Sainte nous expose celles de Dieu mesme. Quoy que les plus grands

dit-elle, confier les enfants à «des gens capables, sages, & craignant Dieu, qui ne gastent pas leur coeur en formant leur esprit». Elle exprime une certaine méfiance pour la culture gréco-latine et souhaite que l'enfant y soit exposé avec prudence et modération: «essayez que leurs précepteurs leur donnent le plus en abregé qu'ils pourront certaines choses de l'antiquité, que l'on dit qu'il ne faut pas ignorer tout-à -fait, et qui sont neanmoins dangereuses pour la jeunesse» (I, viii, 6). On verra par la suite que Jeanne de Schomberg a su s'enrichir à partir des Anciens, s'épanouir même, et s'élever vers l'idéal tout chrétien qu'elle s'était fixé. Si elle se montre ainsi prudente, c'est pourtant moins par crainte de la curiosité intellectuelle que du péché d'orgueil (qui pour elle va de pair avec l'éducation de l'intelligence et vraisemblablement avec la découverte des doctrines païennes) et du mauvais usage du savoir acquis. Elle met en garde sa fille contre le goût du «bel esprit» (I, ix, 10) et y fait allusion une nouvelle fois dans son journal: «... si je dis mon avis en compagnie, ce sera par entretien, sans vouloir absolument que l'on me donne audience, et sans avoir dessein de me faire louer de mon bon esprit» (II, 35). A l'enseignement des livres profanes Jeanne de Schomberg préfère les leçons de l'Ecriture plus aptes à faire comprendre aux enfants «la dignité de leur condition de Chrestiens» (I, viii, 7). Les romans sont proscrits car «alors on se sent si froid pour la priere et pour la lecture spirituelle, et si fort en goust pour les folies du monde» (I, v, 5). L'étude des langues est recommandée mais l'auteur se garde de préciser s'il s'agit des langues classiques ou modernes comme si elle refusait de prendre parti dans le grand débat qui divisait alors le monde littéraire[1].

Chaque enfant est soigneusement préparé au rôle assigné par son sexe et au sort qui doit être le sien. Plusieurs chapitres

---

esprits qui se sont trouvez parmi les Payens, ayent beaucoup écrit, ils n'ont jamais pû pourtant persuader aux hommes avec toute leur eloquence l'immortalité de l'âme, & leur apprendre le veritable chemin de la vertu» (*Les regles de l'éducation des enfans*, t. I, Part. II, p. 246).

1 Cf. L. Timmermans, p. 152-76.

traitent de l'importance d'établir correctement les enfants en tenant compte de leurs aptitudes et en cultivant les intérêts et les inclinations que Dieu leur a inspirés. La jeune fille est promise, comme le veut la tradition, au destin domestique, dans certains cas, elle entre en religion. Venant d'une femme lettrée qui côtoyait les grands esprits de Paris, la position adoptée par Jeanne de Schomberg face à l'instruction des filles peut surprendre, d'autant plus à une époque où tant de femmes proclamaient l'égalité spirituelle des sexes, revendiquant le droit d'accès à la culture. La différenciation sexuelle des pratiques éducatives ne semble pas la concerner. Il est évident qu'elle ne souhaite pas pour sa petite-fille l'éducation soignée qu'elle-même reçut grâce à un père éclairé. Elle reconnaît la nécessité pour la femme d'avoir des connaissances pratiques et, sans jamais dire comment celle-ci est supposée les acquérir, des notions de droit usuel et de comptabilité pour pouvoir seconder les efforts de son mari dans l'administration des terres, la gestion des revenus, le gouvernement du château, et le remplacer si besoin est.

De l'usage du temps et du divertissement

C'est sous l'influence évidente de François de Sales que Jeanne de Schomberg aborde la délicate question des plaisirs. Les distractions sont évaluées selon leur utilité morale et leur compatibilité avec la dévotion. On considère ainsi la nature du divertissement, la façon dont on le pratique, et sa nécessité. Ce ne sont pas tant les besoins de la personne en soi qui dictent la nécessité du divertissement que les besoins des «occupations sérieuses» (entendre le travail et la dévotion) ou encore les exigences sociales. Bien que Jeanne de Schomberg n'exige pas qu'on quitte tous divertissements ni d'ailleurs toutes parures, on rencontre chez elle une certaine austérité. Elle pose les limites, consciente qu'elle est des dangers. Outre les travaux d'aiguille, quelques «plaisirs innocents» sont recommandés pour les filles, tels que la promenade, la peinture, la conversation honnête. Jeanne de Schomberg suit les Jansénistes, notamment Pascal et Nicole dans ses critiques des danses, spectacles, et jeux de hasard[1]. Elle proscrit l'empressement, l'excès, la passion, l'énergie vainement déployée, le temps gaspillé, les sommes perdues[2]. Elle reconnaît la nécessité d'assister à certaines assemblées mondaines dans lesquelles elle voit une partie essentielle de la vie en société, un devoir d'état et de la civilité, mais en général déconseille tout ce qui ne relève pas de l'obligation ainsi que les divertissements communautaires, conversations et visites qu'elle considère comme des occasions de dissipations et de bavardages: «Pour les visites, j'en feray le moins que je pourray» (II, 25).

Si elle condamne la paresse et l'oisiveté dans lesquelles elle voit «les sources de la pluspart des pechés» (I, i, 5), elle affirme, à la suite des pédagogues du siècle précédent, la légitimité et la nécessité de la détente qui sera l'occasion de régénérer l'esprit et le corps «afin de les rendre plus propres à souffrir les peines que l'on est obligé de prendre pour son salut» (I, ii, 1). De même, si elle exprime des réserves pour les moments d'abandon aptes à favoriser l'éclosion des désirs malsains et des fantaisies qui traversent l'esprit des femmes[3], elle se montre en faveur de la solitude lorsqu'elle permet la connaissance de soi qui est, on le verra par la suite, particulièrement valorisée.

Du mariage

Comme le note Linda Timmermans, bien que le mouvement de réhabilitation du mariage ait contribué à imposer l'idée de l'éminente dignité de la femme, la conception de sa place dans la famille et dans

---

1 Cf. Nicole, *Essais de morale*, 1671, t. III; Pascal, *Pensées*, art. II, 139sq.

2 Cf. F. de Sales, *Introduction*, Part. III, ch. 31.

3 Dans ses lettres à sa fille, Mme de Sévigné exprime pareille méfiance pour la solitude et les rêveries: «je crains bien qu'aimant la solitude comme vous faictes, vous vous creusiez les yeux et l'esprit à force de rêver» (1er mars 1672). «Ne vous y creusez point trop l'esprit; les rêveries sont quelquefois si noires, qu'elles font mourir» (8 avril 1671). Cf. *Lettres de Madame de Sévigné*, t. II, p. 518 et 148.

le mariage n'en est aucunement modifiée. «La soumission au mari demeure la première qualité de la femme» (*L'accès des femmes à la culture*, p. 433). Jeanne de Schomberg ne remet jamais en cause la distribution des rôles énoncée par s. Paul. Elle semble en effet considérer toute normale l'obéissance de la femme au chef et maître. Obéir sans murmure, ne jamais oublier le respect qu'elle doit à son mari, ménager sa susceptibilité, savoir reconnaître ses mérites et prendre à l'occasion le blâme sur soi[1], tels sont les devoirs de la femme envers son mari. L'audace féminine, particulièrement en public, pourrait porter ombrage au prestige de l'homme:

> il ne faut jamais que la tendresse que l'on a l'un pour l'autre, ni la confiance, ni la liberté fassent oublier le respect qu'on doit aux maris principalement devant le monde, ni s'attribuër une autorité qui rabaisse la leur, ou qui mette celle des femmes en comparaison. Car il est bon que l'on voye qu'une honneste-femme a du credit auprès de son mari, mais jamais une autorité imperieuse sur luy. (I, iv, 3, 1)

La règle d'obéissance peut être écartée à une seule exception, l'auteur de spécifier: la femme s'appliquera à «complaire [à son mari] en tout ce qui n'est pas mauvais» (I, iv, 8).

Jeanne de Schomberg adopte une position plus personnelle à propos de la politique du mariage[2]. Elle ne remet pas en cause l'autorité des parents dans le choix du mariage mais déconseille fortement d'unir une jeune fille à un homme pour qui elle aurait de l'aversion (I, ix, 15). Elle parle là en connaissance de cause. Jeanne de Schomberg avait d'abord été mariée malgré elle à François de Cossé, comte de Brissac, qui lui répugnait. On propose en général la date de 1618[3]. Durant la nuit des noces, la jeune fille s'opposa à

---

1 «Il leur faut donner tout l'avantage des choses qui réüssissent bien, et des autres en prendre la faute sur soy, autant qu'il sera possible» (I, iv, 4).

2 Sur la politique du mariage, cf. Jean-Marie Constant, *La vie quotidienne de la noblesse française aux XVIe-XVIIe siècles*, p. 132-60; Georges Snyders, *La pédagogie en France aux XVIIe et XVIIIe siècles*, p. 231-58.

3 Cf. Auguste Jal, *Dictionnaire de biographie et d'histoire*, «Brissac».

la consommation du mariage. Le mariage fut annulé, ce qui fit grand bruit pendant longtemps[1]. De même, sans jamais questionner les hiérarchies qui assurent la continuité et la stabilité sociale, elle condamne le partage inégal voulu par le droit d'aînesse, et déplore la déchéance qui frappe d'ordinaire les filles: «Gardez vous bien de les compter pour rien dans la destination du partage de vos biens [...] cette injustice met la haine dans les familles, et déplaist à Dieu» (I, ix, 12).

Corps et sexualité

C'est la religion et la société tout ensemble qui réclament de faire taire le corps, notent à juste titre Jean-Jacques Courtine et Claudine Haroche dans leur *Histoire du visage (*p. 223). L'être que Jeanne de Schomberg entend former est un être sans passion: «Il domte sa colere, son chagrin, et ses aversions» (I, viii, 20). Le comportement valorisé ici (entendre le comportement social, émotionnel, sentimental, psychologique) exige la mise à l'écart des spontanéités, des excès, des désordres, la mise au silence du corps, autrement dit la domestication des regards, des postures, des propos, la maîtrise des émotions, des appétits et des désirs. Cette mise au silence du corps trouve son expression la plus immédiate au niveau de l'écriture. Les non-dits, les silences qui marquent le propos de la mère à la fille, trahissent la volonté de nier un corps

---

[1] Cf. Tallemant des Réaux, *Historiettes*, t. VI, p. 26: «Ce comte de Brissac n'étoit point agréable: au contraire, il étoit stupide et mal fait. Pour elle, elle étoit fort brune, mais fort agréable, fort spirituelle et fort gaie. Elle trouva cet homme si dégoûtant, qu'elle conçut une aversion étrange pour lui [...] Quand elle vit l'affaire avancée, elle s'alla jeter aux pieds de madame de Schomberg, sa grand'mère [...] Elle pleura tant, que la bonne femme en fut émue. Mais le père, qui voyoit que cette alliance lui étoit avantageuse, et qui croyoit que c'étoit une vision de sa fille, voulut que l'affaire s'achevât [...] Elle se laissa coucher, mais avec résolution de ne rien lui accorder. Toute la nuit elle ne voulut point *joindre*, et le lendemain elle protesta de ne coucher jamais avec lui. Ensuite, on les démaria sous prétexte d'impuissance [...] [Jeanne de Schomberg] a toujours eu tellement devant les yeux cette espèce de tache, que cela l'a toujours fait aller bride en main».

qui demeure encore et toujours problématique[1]. Dans l'article I, iv, Jeanne de Schomberg commence par énumérer les devoirs des femmes envers leurs maris, «la société qu'elles sont obligées d'avoir avec eux [...] les offices qu'elles leur doivent rendre en tous les temps et tous les états de leur vie et pour leur ame et pour leur corps», mais elle se garde bien de révéler à son élève les mystères du lien conjugal. Ce silence est révélateur de l'état d'ignorance dans lequel étaient tenues les femmes, unies à un âge précoce à des maris souvent âgés auxquels revenait le soin d'achever l'éducation féminine. Lorsque Jeanne de Schomberg aborde la question délicate des relations extra-conjugales à laquelle elle consacre un long chapitre, elle s'attache à décrire les périls du monde, les influences corruptrices (la Cour dont elle ne connaissait que trop les dangers) mais évite de parler de manière spécifique des dangers auxquels la passion naissante expose la jeune fille. Lorsqu'elle fait explicitement allusion à la sexualité, c'est encore une fois pour en nier l'existence et conseiller à Jeanne-Charlotte, sinon de taire, du moins de refréner ses élans d'affection: «[Gardez vous de faire] des caresses trop tendres à vostre mary» devant les domestiques (I, v, 18). Chose plus curieuse, l'auteur ne dit rien non plus sur la grossesse, l'accouchement et l'allaitement, le premier devoir dévolu aux mères[2]. La mise au monde était pourtant une affaire de femmes d'où les hommes étaient exclus. Les conseils de la mère à la fille se réduisent ainsi à l'article bien connu qui recommande le choix d'une bonne nourrice et d'une bonne gouvernante.

La *dignitas mulieris*

Si elle suit de très près le Père spirituel que fut tout au cours de sa vie l'Evêque de Genève pour elle, Jeanne de Schomberg s'abreuve aussi à d'autres sources (vraisemblablement à travers les

1 Sur l'incapacité de se libérer des tabous et des interdits qui entourent la sexualité, voir M. Albistur et D. Armogathe, *Grief des femmes*, p. 6sq.

2 Un sujet fort débattu à l'époque, cf. Guillaume Le Roy, abbé de Haute Fontaine, *Du devoir des meres* (1675).

Pères de l'Eglise et F. de Sales) qu'elle se garde bien de révéler. La morale stoïcienne qui à l'époque continuait de passionner les esprits, semble convenir admirablement à cette âme en quête de perfection. Suivant une démarche chère à l'humanisme chrétien, Jeanne de Schomberg tente de concilier la culture classique avec les exigences d'une bonne formation chrétienne. Nous souhaitons seulement montrer le choix particulier qu'elle a voulu faire parmi les enseignements de ses devanciers, la manière dont elle a mis à profit les attitudes profanes, les assimilant aux vertus chrétiennes afin de formuler un idéal féminin de haute dignité. Fait de vérité intérieure, nourri des lumières de la raison et des forces de la conscience, enrichi des deux sagesses, l'antique et la chrétienne, la *dignitas mulieris* appelle à l'harmonie entre la fermeté stoïcienne et la douceur salésienne. Jeanne de Schomberg accorde à la femme une dignité nouvelle, nouvelle en ce sens qu'on jugeait la femme dépourvue des qualités qu'elle lui attribue ici et qu'elle authentifie par l'exemple de sa vie (*Reglement* II). Ce sont ces mêmes qualités (supériorité morale, intégrité, constance) qui sont invoquées par celles qui souvent choisirent des mesures plus radicales (discours polémiques, protestations, revendications) pour démontrer l'excellence du Sexe[1].

C'est à l'Evangile et à la culture antique que Jeanne de Schomberg emprunte la notion de dignité. L'honnête homme possède les vertus prisées par les Stoïciens et se comporte en fonction de «la dignité de [sa] condition de Chrestien» (Ep 4, 1,

---

1 Voir à titre d'exemple Charlotte de Brachart, *Harengue [...] qui s'adresse aux hommes qui veuillent deffendre la science aux femmes* (1604); Marguerite de Valois, *Docte et subtil discours [...] envoyé [...] à l'Autheur des Secrets moraux* (1618); Marie de Gournay, *Egalité des hommes et des femmes* (1622); Jacquette Guillaume, *Les Dames illustres ou par bonnes et fortes raisons, il se prouve, que le sexe feminin surpasse en toute sorte de genres le sexe masculin* (1665); Anne-Marie Guillaume, *Discours sur le sujet que le sexe feminin vaut mieux que le masculin* (1668); Gabrielle Suchon, *Traité de la morale et de la politique, divisé en trois parties sçavoir la liberté, la science, et l'autorité ou l'on voit que les personnes du sexe pour en etre privées, ne laissent pas d'avoir une capacité naturelle, qui les en peut rendre participantes [...]* (1693); Mme de Pringy, *Les differens caracteres des femmes du siecle [...]* (1699), etc.

etc.): «il est courageux ... genereux ... fort ... ferme» (I, viii, 6). La femme idéale telle que notre auteur la conçoit se distingue par des qualités analogues, droiture d'esprit, intégrité, constance, force de caractère, contrôle de soi, et douceur, cette vertu à laquelle les femmes sont naturellement enclines.

La femme idéale a tout d'abord une très haute conception du devoir. Au contraire de ses contemporaines, Jeanne de Schomberg ne se préoccupe pas tant des *droits* de la femme que des nombreux *devoirs* qui lui incombe: devoirs envers le mari, les enfants, la domesticité, devoirs d'état, devoirs envers elle-même. Elle se garde bien de considérer le mariage comme une panacée, mais il y a chez elle une valorisation absolue du respect que le mari et la femme se doivent l'un à l'autre, des devoirs mutuels, de la sincérité et de la véracité, le germe de la confiance réciproque (entre mari et femme[1] et entre amis[2]). La femme a le devoir de détourner son mari de desseins pernicieux qui pourraient mettre en danger le salut de son âme. Il est encore de son devoir de veiller à la sauvegarde du patrimoine, de maîtriser si besoin est les agissements irresponsables de son mari, qui pourraient en causer la ruine. Pour Jeanne de Schomberg comme d'ailleurs pour Christine de Pisan deux siècles auparavant, la femme est en quelque sorte la conscience de l'homme. Les devoirs mutuels des maîtres et des serviteurs ne sont pas oubliés. L'auteur s'attarde plus longuement sur les devoirs des premiers vis-à -vis des seconds, entre autres l'obligation d'amour, d'instruction et de contrôle moral[3], le bon exemple que les grands sont tenus de donner par l'exemple de leur vie (I, xi, 3, 4, & 7).

L'honnêteté envers les autres et envers soi-même s'avère pour Jeanne de Schomberg d'une importance capitale. A la suite des

---

1 Cependant, il n'est pas interdit aux femmes d'avoir leurs petits secrets (I, iv, 3).

2 Cf. I, viii, 24.

3 Cf. II, 16. Sur les devoirs des grands vis-à-vis des inférieurs, cf. entre autres Nicole, *Oeuvres philosophiques et morales, De la grandeur*, Part. II, ch. 2 et 3; Pascal, *Discours sur la condition des grands*, en particulier IIIe discours.

moralistes et des théologiens de son temps, elle affirme la primauté de la connaissance de soi[1], la nécessité de ménager quotidiennement des temps de solitude et de retraite afin qu'à la faveur du silence et de l'isolement, l'être puisse tout ensemble se retrouver et écouter Dieu dans le silence intérieur. Générative de sagesse, la connaissance de soi mène en fin de compte à la connaissance de Dieu. Se connaître soi-même, pour Jeanne de Schomberg, c'est se voir tel qu'on est, ne pas s'estimer outre mesure, se contenter de sa condition, se modérer en ses prospérités, supporter tous les maux, tous les accidents de la vie sans se troubler: «l'on ne s'affligera pas beaucoup des mauvais evenemens ... puis qu'ils n'arrivent que par la volonté de celuy à qui nos biens appartiennent, et qui a seul le droit d'en disposer» (I, iii, 4; & II, 18). C'est par le retour sur soi que s'acquièrent les vertus d'humilité[2] et de patience qui concourent à la tranquillité. Apprendre à se connaître, c'est aussi apprendre à se juger en s'examinant quotidiennement, en analysant chacun de ses actes. Autrement dit, c'est éduquer sa conscience afin de pouvoir toujours reconnaître son devoir et s'y soumettre[3]. Sollicitée qu'elle est de toutes parts pour ses «bons-offices», la dame terrienne devra interroger souvent sa conscience pour ne pas s'engager dans une politique dont elle aurait à rougir: «Pour les bons-offices que l'on demandera de vous, ma chere Fille, ne vous y embarquez pas sans considerer si cela se peut faire en conscience» (I, xix, 1). La vertu

---

[1] Cf. F. Lamy, *De la connoissance de soi-mesme*, p. 18: «la compagnie nous derobe à nous-mesmes, la solitude nous fait restitution». Dans son *Testament*, Fortin considère l'étude de soi comme la première obligation de l'homme: «il me semble que l'homme doit estre à soy-mesme le premier sujet de l'application de son esprit, s'il est ignorant en ce qui est de luy, il le sera plus encore en ce qui sera hors de luy» (Part. II, ch. 9, p. 103).

[2] L'humilité qui consiste dans la juste évaluation de soi-même (humilité intérieure) et des choses telles que le rang et l'honneur (humilité extérieure), représente à la fois le fondement de la vie spirituelle (l'acceptation de la volonté de Dieu) et une attitude fondamentale de sincérité, qui demeure l'une des préoccupations majeures de Jeanne de Schomberg.

[3] Cf. Fortin, *Testament*, Part. II, ch. 6.

s'acquiert par une formation soigneuse de l'âme commencée dès l'enfance et se cultive par une discipline toute stoïcienne qui vise à «donner des sentimens forts, genereux, raisonnables» (I, viii, 6). Hormis en matière de foi, Jeanne de Schomberg revendique partout ailleurs l'exercice de la raison. C'est par la voie de la raison (éclairée par la foi) que la liberté peut être conquise, rappelle-t-elle à maintes reprises: «vous ne sauriez avoir la paix en vous même, si vos passions ne sont soumises à vostre raison, et vostre raison à Dieu» (I, x, 2)[1].

La raison permet de s'affranchir de l'emprise de ses passions, et avant tout d'en éviter les périls. Jeanne de Schomberg illustre le rôle bénéfique de la raison dans la vie pratique aussi bien que dans le domaine spirituel. Il n'est de meilleur guide que la raison dans les affaires, dans l'usage qu'on fait de son temps, dans l'enseignement[2]. On a vu à propos des récréations qu'elle dénonce toute pratique qui est contraire à l'esprit raisonnable. Dans les relations humaines, elle s'attaque à tout ce qui est inutile et vain. Il ne suffit pas de prescrire une conduite, dit encore notre éducatrice, il faut en montrer les raisons. Pour ce qui est de la discipline, il faut toujours commencer par faire appel à la raison: «Accoutumez les de bonne heure à rompre leurs volontés [...] Faites leur voir pour cela quelque raison qui leur paroisse juste, afin qu'elles voyent que vous n'agissez point par caprice» (I, ix, 11). On n'aura recours à la menace ou au châtiment que lorsque la persuasion fait défaut. La correction doit d'ailleurs se faire selon la raison, autrement dit sans passion mais avec fermeté: «gardez toujours [...] dans vostre severité des mesures si justes, qu'elles voyent que c'est la raison et leur propre bien qui vous font agir, et non pas la passion et l'emportement» (I, ix, 3).

---

[1] Cf. aussi I, viii, 11: «Montrez leur que ce premier devoir ... met toutes choses dans l'ordre, soumettant ... la raison à celuy seul qui la peut fortifier, éclairer et conduire ...»

[2] Il y aurait sans doute des rapprochements à faire à propos de cette règlementation rationnelle du comportement avec la *Cour sainte* du P. Caussin.

La «douceur» qui s'exerce dans l'amour du prochain et dans l'amour de Dieu, constitue l'un des éléments essentiels de l'ascèse salésienne[1]. Avec la patience, la douceur est assurément celle des vertus qui traduit le mieux dans la vie mondaine la notion de *caritas*: «il est doux, civil, de facile accès, parce qu'aimant son prochain pour l'amour de Dieu» (I, viii, 17). Notons qu'à l'époque se développe un autre concept de la «douceur». Bien qu'il soit exempt de la dimension spirituelle qui donne à la douceur salésienne son caractère particulier, ce concept entretient un certain rapport avec celle-ci, en l'occurrence le souci de simplicité, de naturel. La «douceur» telle que Suzanne de Nervèse l'entend dans son *Apologie en faveur des femmes* (1642), est propre aux personnes du Sexe, «le devot sexe cheri de Dieu»:

> [...] avouër apres cela qu'il n'y a point de creature plus noble, des charmes plus doux que ceux qui se rencontrent dans l'aimable conversation de ces parfaites Dames [...]

La douceur dans ce contexte-là relève essentiellement de la civilité. Elle est l'emblème féminin d'un art de la conversation qui devient, à l'époque où Suzanne de Nervèse écrit, la mesure de l'esthétique mondaine, une esthétique de la grâce, de l'agrément, du naturel.

La douceur, qualité propre à la femme, permettra à celle-ci de sauvegarder la paix au sein de la famille, la paix sociale, la paix intérieure. C'est avec «douceur» (la douceur s'oppose ici à la colère) que l'épouse «recevra l'aveu des fautes [que son mari] fera contre elle-même», qu'elle l'avertira des fautes qu'il fait contre Dieu, contre le prochain, ou contre lui même (I, iv, 5 & 8). La tristesse qu'elle éprouvera sera «douce et sans murmure ni chez soy ni ailleurs, il n'est point mauvais qu'un mari voie qu'on est aussi sensible que patiente là dessus» (I, iv, 9). Dans ses rapports avec ceux qui l'entourent et ceux qu'elle côtoye, elle se montrera

---

[1] Cf. William Marceau, *Le stoïcisme et saint François de Sales*, p. 79 sq et Ruth Murphy, *François de Sales et la civilité chrétienne*, p 97sq.

toujours douce et compatissante (I, xi, 9; I, x, 7 & 8). Elle sera douce et ferme avec ses filles (I, ix, 3) de façon à gagner leur respect et leur amitié. A l'égard de ses serviteurs, elle saura «faire voir la douceur et l'humilité du coeur avec l'autorité de la condition» (I, xii, 10).

La douceur, cette «parfaite tranquillité à l'endroit du prochain» pour reprendre les termes de Ruth Murphy (p. 53), présente de nombreux avantages pour la vie mondaine. En toutes occasions, la femme est tenue d'être «douce pour ne parler aigrement à qui que ce soit, pas même quand il faut parler avec force» (I, x, 3). S'il lui arrive d'avoir à défendre sa réputation, elle ne le fera point avec ardeur, et préfèrera mépriser les injures plutôt que les contester. Quand elle refusera de participer à «des parties de divertissemens dangereux», son «refus [sera] doux et coloré sans entreprendre de blasmer ou de prescher les autres» (I, v, 7). Source de la sérénité intérieure, la douceur revient donc ici au «self control» qui serait, selon Aloïs Ahn, «le trait le plus essentiel de la mentalité moderne»[1].

2) Valeur littéraire

Si le *Reglement* s'avère précieux pour l'histoire des idées et des moeurs, il ne l'est pas moins pour l'histoire littéraire.

«Si Fénelon dans son livre de l'*Education des filles* est plus gracieux», dit Sainte-Beuve, «Madame de Liancourt n'est pas moins judicieuse & solide» (*Port-Royal*, p. 181). Le *Reglement* est savamment conçu selon les principes de composition et l'esthétique classiques. Il se dégage du recueil un souci d'ordre, de clarté, de concision, un sens de la mesure, un goût marqué pour le dépouillement. Pourtant, le trait le plus intéressant du recueil et ce qui fait son caractère particulier, est sa forme. L'ouvrage est constitué de deux *Reglements*, deux textes fort différents par le

---

1 Cf.«'La severité raisonnable'— La doctrine de la confession chez Bourdaloue», in *La pensée religieuse dans la littérature et civilisation du XVIIe siècle en France*, p. 21.

style, mais d'une parfaite harmonie de pensée. Le second, on l'a vu plus haut, se présente comme un journal intime, vraisemblablement écrit à la hâte durant les rares heures à perdre[1], dans lequel Jeanne de Schomberg a noté dans des détails très minutieux les principes qui ont réglé sa vie, d'où le titre *Reglement que cette Dame s'étoit dressé pour elle-mesme*. Les 16 premiers articles décrivent les actions quotidiennes tandis que les articles 17 à 38 prennent la forme de prescriptions ou de résolutions. Enfin trois chapitres sont consacrés à des questions amplement traitées dans le premier *Reglement*, les devoirs envers les domestiques, les affaires, les divertissements. On examinera à présent les rapports que ces textes entretiennent avec la littérature personnelle.

Discours de la mère à la fille et discours sur la mère à la fois, bien que celle-ci demeure discrète sur sa biographie, le premier *Reglement* se présente comme un miroir à double face dans lequel la mère et la fille voient leur propre portrait et celui de l'Autre à la fois. La mère retrouve dans sa fille la jeune fille qu'elle a été. Aussi s'adresse-t-elle à elle comme à une autre elle-même qu'elle connaît aussi bien qu'elle se connaît elle-même: «Je connois l'inclination que vous avez à vous acquitter de tous ces devoirs» (I, iv,); «Et je ne croy pas qu'il soit besoin de vous representer la folie [...] Car vous avez, Dieu mercy, assez de bon sens pour voir [...]» (I, i, 7). Dans le miroir qu'elle tend à Jeanne-Charlotte, Jeanne lui donne à voir une image *agrandie* d'elle-même où il lui faut advenir, l'image de la femme éduquée qu'elle est devenue. Le *je* retranscrit, sans l'indiquer directement, des situations anciennes qui prendront valeur d'exemple pour la jeune fille. Le futur de Jeanne-Charlotte est ainsi directement lié au passé de Jeanne et l'expérience de celle-ci à celle des femmes, celle de toute femme. Dépouillé de son caractère individuel, le vécu quotidien s'étale en vérité universelle.

1 «Madame de Liancourt était si jalouse du devoir», dit Sainte-Beuve, «& dans une sollicitude si continuelle de n'y manquer en rien, que la nuit, quand il lui venait l'idée d'une bonne chose à faire, elle ne se rendormait pas qu'elle ne l'eût écrite pour le lendemain sur des tablettes, & cela lui arrivait plus d'une fois dans une nuit» (*Port-Royal*, p. 181).

L'unique se confond avec le multiple, le *je* avec l'*Autre idéal* (la Mère) proposé aux filles comme l'honneur et le modèle de leur sexe.

Si le premier *Reglement* décrit le modèle idéal, le second retrace l'itinéraire personnel de Jeanne de Schomberg, la démarche de foi. Entre les deux *Reglements*, les effets de réciprocité sont nombreux (on les signale dans les annotations) au point qu'on a parfois l'impression que le second n'est que la ré-écriture du premier à la première personne. Cette coïncidence entre le modèle féminin décrit dans I et le *je* qui s'écrit dans II contribue à authentifier le message éducatif et lui confère une force de persuasion plus grande.

Les nombreuses correspondances entre ces deux textes soulignent la dimension autobiographique du premier *Reglement*. Dans ce texte-ci pourtant, le *je* reste discrètement à l'arrière-plan, toujours prêt à s'éclipser derrière le *nous* de classe et de sexe et les tournures impersonnelles: «ce me semble», «il faut», etc. Jeanne de Schomberg hésite à parler en *sujet,* à parler en son nom propre. Mise dans la position de transmettre le savoir indispensable à la bonne conduite en société, elle confesse son inaptitude et renvoie son élève à ceux qui sont plus qualifiés qu'elle pour mener à bien la tâche qui lui a été confiée, les maîtres, les précepteurs, les directeurs de conscience, etc.:

> Je ne vous parleray point en détail de toutes ces choses, parce que vous en pourez bien mieux estre instruitte par d'autres que moy. Je vous diray seulement ce que j'ay remarqué des devoirs de nostre condition, à la charge que vous les communiquerez à des gens habiles et vertueux, qui changeront les endroits où je puis avoir manqué, en faisant par obeïssance une chose de cette importance dont je ne me sens pas capable. (*Preface*).

Le *Reglement*, notons-le, se donne avant tout comme la retranscription du discours du *Père*. A la manière de Christine de Pisan qui prétend rédiger le *Tresor de la Cité des Dames* sous la dictée des trois Vertus, Jeanne de Schomberg hésite sur le point de devenir *auteur* et finit par se contenter du rôle subalterne d'*escrivain* (dans l'acception que ce terme avait aux douzième et treizième siècles). C'est sous la contrainte du Père spirituel qu'elle prend la plume («Puisqu'*une personne qui a pouvoir sur moy, veut*, ma chere Fille, que je vous represente les obligations particulieres de vostre condition ...») et sous la dictée de Dieu qu'elle prétend rédiger: «je vous diray le mieux que je pourray demandant à Dieu qu'il luy plaise d'y suppléer par ses saintes inspirations» (*Preface*). C'est sur l'autorité des Pères de l'Eglise que s'appuie la morale chrétienne qu'elle préconise, sur celle encore de François de Sales et de la pastorale féminine dont elle reprend pratiquement l'entier répertoire dans le but de former à son tour «la bonne mère chrétienne».

Si cette extrême discrétion, cette admirable pudeur valurent à Jeanne de Schomberg l'estime de son entourage, elles interfèrent ici avec la mission pédagogique ou du moins avec l'idée que l'auteur se fait de l'enseignement. En effet, il n'y a pour Jeanne de Schomberg d'autre enseignement que l'exemple. Sans l'exemple, les instructions les plus solides sont sans autorité. Toutes ses convictions en matière d'éducation, elle les puise donc dans son expérience vécue (*Reglement* I) et les authentifie par son existence (*Reglement* II). Elle répète à maintes reprises qu'elle ne saurait parler de ce qu'elle n'a elle-même expérimenté:

> Je ne vous parleray point en détail de toutes ces choses, parce que vous en pourrez bien mieux estre instruitte par d'autres que par moy. Je vous diray seulement ce que j'ay remarqué des devoirs de nostre condition ...

Fi des théories qui s'éloignent de la vraie vie, il n'y a de sagesse que vécue, déclare-t-elle encore:

> Croyez, ma chere Fille, que tous ceux qui vous conseilleront autrement que je fais en tout cecy, n'ont ni prudence ni experience, et qu'ils le fondent sur leur caractere et sur des lieux communs et des proverbes qui sont aussi badins que faux ...

Les précautions, les avertissements naissent de l'expérience qui enseigne la méfiance et anticipe les dangers. Les conseils sont soutenus par des exemples ou contre-exemples tirés du vécu quotidien. Ainsi, lorsqu'elle aborde la question de l'infidélité des maris dans I, iv, 9, Jeanne de Schomberg base ses recommandations sur son expérience de femme mariée: «[l'épouse se montrera] patiente là -dessus; mais il ne faut pas que cela aille jusqu'à la froideur, et encore moins jusqu'à l'aigreur des reproches». Dans son *Avertissement*, l'abbé Boileau rapporte les misères de la vie conjugale:

> [Lorsque l'] amour du jeu, du luxe, des amusements, et la galanterie [...] engagea [M. de Liancourt] dans un train de vie très opposé aux moeurs de son épouse, [celle-ci] prit sur elle tous les soins et toutes les peines, luy rendit tous les honneurs et toute l'autorité, fermant les yeux à tout ce qu'elle devoit ignorer de la vie secrette de son mari.

On voit ici l'ambiguïté de cette voix féminine qui affirme la primauté de l'expérience pour ensuite la nier, qui s'abrite derrière d'incontestables autorités comme si elle refusait de s'avouer responsable de ce qu'elle dit, mais qui en définitive ne dit rien d'autre que le moi. Si c'est sous la contrainte que Jeanne de Schomberg prend la plume, sans doute est-elle forcée de se dire selon des conventions sociales. On a déjà noté les jeux de miroir, les effets de réciprocité avec ces autres images de la femme idéale déposées dans les «miroirs de femmes». Le *je* individuel se noye-t-il donc dans la conduite dictée?

Le second *Reglement* vient dissiper l'ambiguïté. Il authentifie le dit par le dire, et révèle la parfaite coïncidence entre le Même et l'Autre, les *elle(s)* et le *je*, l'être et le paraître. Si tantôt la voix féminine se fait fuyante, si tantôt elle s'éteint presque entièrement dans la voix autoritaire du(es) Père(s), ce n'est pas, semble-t-il, sous l'effet de la contrainte, mais plutôt par l'exercice de la volonté, volonté individuelle en parfaite harmonie avec la volonté du *Père*.

Ainsi, au moment où commence véritablement l'histoire du *je* (*Reglement* II), Jeanne de Schomberg a déjà renoncé à son métier d'écrivain. C'est paradoxalement dans ce texte hautement subjectif qu'elle s'emploie elle-même à nier une subjectivité ressentie comme obstacle à la fois dans sa propre quête spirituelle et dans la société patriarcale d'Ancien Régime qui, lorsqu'il s'agit de la femme, reste enfermée dans le *Même*. Les pratiques «répressives» adoptées par l'auteur (abstinence, sobriété, mépris du corps[1], retenue, humilité, détachement des affections humaines[2], renoncement aux plaisirs mondains) consistant à tout mortifier en soi (chair, coeur, raison) afin de se dépouiller des «puissances humaines» (imagination, volonté, entendement[3]) et de celles encore qui commandent de «se priver de soi» afin de se consacrer entièrement à l'Autre (Dieu, et en particulier, tous ceux qui sont dans le besoin) dans un élan de charité dicté par la morale chrétienne, visent à un seul et même but: la mise au silence du moi. Travail de dépouillement, de désappropriation indispensable pour réaliser ce vide qui permettra à l'amour de s'épanouir. L'effacement du moi est ainsi totalement consenti, recherché même par celle dont l'unique désir était de se faire *Rien* de sorte à se rapprocher encore et toujours du *Tout*, du *Père (Eternel)* qui guiderait sa vie d'un bout à l'autre.

III. ÉDITIONS ET PRINCIPES D'ÉTABLISSEMENT DU TEXTE

Nous reproduisons le texte de l'exemplaire de la Bibliothèque de l'Arsenal (cote: 888=°. S. 3761).

REGLEMENT // DONNE // PAR UNE DAME // DE HAUTE QUALITE // A // M[xxx] *SA PETITE-FILLE // Pour sa Conduite, &*

---

1 Cf. II, 11.

2 «Elle n'eut qu'un fils ... Elle l'aimoit fort, mais selon l'ordre de la charité qui veut qu'on aime Dieu seul plus que tout le reste ensemble» (*Avertissement*).

3 Sur les dangers de l'imagination, cf. I, xiii. Sur la nécessité de «rompre sa volonté», cf. I, ix, 11.

pour celle // de sa Maison: // Avec un autre Reglement que cette Dame avoit dressé pour elle-mesme. // A Paris, // Chez AUGUSTIN LEGUERRIER, // ruë S. Jacque, près les Maturins, // à l'Arche-d'Alliance. // M. DC. XCVIII. // Avec Approbation & Privilege du Roy.

Note manuscrite sur le feuillet de garde: La Princesse de Marsillac. Ex. libris sur la page de titre: Ex. bibliotheca coatis St. Sulpicii.

[2], 104, 234 p.
Sig. [ ]^{1} ã ẽ ĩ õ^{12} ũ^{4} A-I^{12} K^{9}
in 12°

Les six autres exemplaires consultés sont du même tirage:

A. Bibliothèque Nationale R. 24142
B. Bibliothèque Mazarine 55997 (ex-libris manuscrit sur la page de titre: Oratoire de Paris)
C. Arsenal 8°. S. 3759 (note manuscrite sur la page de titre: par Mad^{e} La Duchesse de Liancourt)
D. Arsenal 8°. S. 3760 (note manuscrite sur la page de titre: par Mad^{e} La Duchesse de Liancourt)
E. Arsenal 8°. S. 3762 (note manuscrite sur la page de titre: *Reglement donné par* ... Madame de Liancourt ... *à M^{xxx} sa petite-fille* ... La Princesse de Marsillac ... *Reglement ... pour elle-mesme* ... publié par l'abbé Boileau). Exemplaire broché. Manquent les pages 97 à 101 de l'avertissement (u^{4}), les approbations et l'extrait du Privilege du Roy, et les pages 217 à 232 du *Reglement que cette Dame avoit dressé pour elle-mesme* (K^{8}).
F. Bibliothèque de la Sorbonne, Fonds Victor Cousin VC 11384 (Ex. libris impr. René-Charles Guilbert de Pixere'court).

G. Bibliothèque Les Fontaines S.J., Chantilly A 343 / L 44

Autres éditions:

*REGLEMENT // DONNE // PAR UNE DAME // DE HAUTE QUALITE // A // M*** SA PETITE-FILLE // Pour sa Conduite, & pour celle // de sa Maison. // Avec un autre Reglement que cette Dame // avoit dressé pour elle-même.* // A PARIS, // Chez Florentin Delaulne, // rue Saint-Jacques, à l'Empereur. // M. DCCXVIII. // AVEC PRIVILEGE DU ROY.

Exemplaires consultés:

A. Bibliothèque Nationale R. 24143
   Ex. libris: Maria en haut de la page, Exedem au bas de la page. b. no. 66y.
B. Bibliothèque Nationale R. 48495
C. Collection personnelle de François et Evelyne Berriot.
   In-12, reliure de l'époque, veau ancien, dos orné, titre doublé. Notes à l'encre ancienne dans la marge de quelques feuillets, probablement de la main de l'un des membres de la famille.

REGLEMENT // DONNE // PAR MADAME LA DUCHESSE // DE LIANCOUR, // A MLLE DE LA ROCHE-GUYON // SA PETITE-FILLE, // pour sa conduite, & pour celle de // sa maison; // Avec un autre Réglement que cette Dame avoit // dressé pour elle-même: // Suivi du DEVOIR DES GRANDS, de Monseigneur le Prince DE CONTI, // avec son TESTAMENT. // A Paris, // Chez Saugrain & Lamy, Libraires, Quai des Augustins, // au coin de la rue Pavée.// M. DCC. LXXIX.

Exemplaires consultés:

A. Bibliothèque Nationale 8°. R 25196

B. Arsenal 8°. S. 3763
C. Bibliothèque Ste-Geneviève R 8° 790(5) inv. 2956 FA

REGLEMENT // DONNE // PAR MADAME LA DUCHESSE // DE LIANCOUR, // A Mlle DE LA ROCHE-GUYON // SA PETITE-FILLE, // pour sa conduite, & pour celle de sa Maison; // Avec un autre Réglement que cette Dame avoit // dressé pour elle-même: // Suivi du DEVOIR DES GRANDS, de // Monseigneur le Prince DE CONTI, // avec son TESTAMENT. // A Paris, // Chez la Veuve Méquignon & Méquignon Junior, Libraires, // rue de la Juiverie. // M. DCC. LXXIX.

Exemplaire identique à celui imprimé chez Saugrain & Lamy avec un feuillet intercalé entre l'*Avertissement* et le *Reglement*, non inclus dans la pagination. Bien entendu, le catalogue des livres imprimés chez Saugrain & Lamy ne figure pas dans cet exemplaire.

Exemplaires consultés:

A. Bibliothèque Nationale Rés. R. 2136
B. Bibliothèque Nationale R. 21700-21701
C. Arsenal 8°. S. 3764

DE L'EDUCATION CHRETIENNE DES JEUNES GENS ET DES JEUNES DEMOISELLES; // ouvrage utile et nécessaire aux enfans de // l'un et de l'autre sexe, ainsi qu'aux Insti // tuteurs et Institutrices, et aux parens qui // veulent donner la dernière instruction à leur famille: // Terminé par quelques Anecdotes chrétiennes et morales. // A Paris, // Chez Cretté et Belin, // 1811.

Exemplaire consulté:

Bibliothèque Nationale R. 21925

VIE // DE MADAME LA DUCHESSE // DE LIANCOURT, // Avec le Réglement qu'elle donna à sa Petite- // Fille pour sa conduite et pour celle de sa // Maison; // PAR L'ABBE BOILEAU. // SUIVIE // Des Entretiens sur les Devoirs de la Vie civile, et sur // plusieurs points importans de la Morale chrétienne; // PAR M. L'ABBE MARSOLLIER. // TERMINE // Par quelques Anecdotes intéressantes et morales. // Avec une jolie Gravure. // OUVRAGE POUVANT SERVIR A L'INSTRUCTION DE LA JEUNESSE. // A PARIS, // Chez CRETTE, Libraire, rue Saint-Martin, // n°s 94 et 98. // 1814.

Exemplaire consulté:

Bibliothèque des Fontaines S.J., Chantilly Q 246 / 6

REGLEMENT // DONNE PAR // LA DUCHESSE DE LIANCOURT // A LA // PRINCESSE DE MARSILLAC // AVEC UNE NOTICE SUR LA DUCHESSE DE LIANCOURT // PAR LA // MARQUISE DE FORBIN D'OPPEDE // A PARIS // E. PLON et Cie, IMPRIMEURS-EDITEURS // 1881.

Exemplaires consultés:

A. Bibliothèque Nationale 8 R. 3092
B. Bibliothèque des Fontaines S.J., Chantilly A 343 / L 47
C. Bibliothèque Nationale et Universitaire de Strasbourg B 126582

La division en chapitre est celle de l'original. Nous avons respecté l'orthographe et l'usage qui est fait des majuscules. Cependant, pour répondre aux exigences de la collection, nous avons résolu les &, corrigé les coquilles typographiques, placé systématiquement les accents aigus sur les finales en -é, ée et ées, transformé en accent grave l'aigu utilisé sur les finales en -ès, et ajouté les accents graves pour distinguer les homonymes (ou/où, la/là , des/dès). Nous avons maintenu en l'état les accents internes et les accents circonflexes de même que la ponctuation de l'original.

REGLEMENT
DONNE
PAR UNE DAME
DE HAUTE QUALITE
A
M*** SA PETITE FILLE,
POUR SA CONDUITE, & POUR CELLE
DE SA MAISON:
AVEC UN AUTRE REGLEMENT QUE CETTE
DAME AVOIT DRESSE POUR ELLE-MESME

AVERTISSEMENT

Quelques personnes habiles et d'une grande piété ayant lû les deux Reglemens qui composent ce petit Livre, ont crû qu'il seroit utile de savoir quelque chose de la Vie de la personne qui les a dressées[1], et d'en terminer le récit par quelques reflexions. J'ai crû leur devoir donner cette satisfaction, et d'autant plus que les personnes mesmes qui ont eu le plus d'habitude chez cette Dame[2], pourront trouver dans ce recit abregé plusieurs choses considérables qu'ils ignorent, et qui ne peuvent manquer d'édifier le public, et d'autoriser les maximes qu'on verra dans le Livre, par des exemples qui sont encore au dessus des maximes.

On s'abstiendra de nommer cette Dame. Car encore qu'il n'y ait rien ni dans le Livre ni dans l'Histoire qu'on met à la tête, qui ne fasse honneur à sa mémoire et à son illustre Famille, on a cru devoir ce respect à cette Famille illustre, de ne nommer personne sans sa participation, qui n'a point paru necessaire pour donner cet Ouvrage en l'état qu'il est.

Cette Dame étoit issue d'une famille illustre originaire d'Allemagne[3], fille et soeur d'un Duc et Pair Maréchal de France[4].

---

1 Dans l'édition de 1718, l'*Avertissement* est reproduit dans son intégralité. Dans les éditions subséquentes, il est réduit de façon considérable ainsi que dans les *Vies intéressantes et édifiantes des religieuses de Port-Royal* de l'abbé Pierre Leclerc, t. I, p. 411-56.

2 Cf. Jean Lesaulnier, «Les Liancourt, leur hôtel et leurs hôtes (1631-1674)», tout spécialement p. 172-76, 184-89.

3 Gaspard de Schomberg, le grand-père de Jeanne de Schomberg, était colonel des reîtres. En 1570, il passa au service de la France et se fit naturaliser français. Il avait épousé Jeanne Chasteigner, fille de Jean Chasteigner, sieur de La Rocheposay, cf. J. Lesaulnier, p. 170, n. 15.

4 Jeanne de Schomberg est la fille de Henri de Schomberg et de Françoise d'Espinay, qui était la soeur et héritière du Marquis Charles d'Espinay (en Bretagne), Comte de Duretal. On sait peu de chose sur son rapport avec son frère,

Son pere fut outre cela Grand Maître de l'Artillerie et Surintendant des Finances, et s'acquita de ce dernier emploi avec tant de desintéressement et de générosité, qu'après deux ans et demi d'exercice il en sortit moins riche de quatre cens mille livres.

Elle eut de la piété dès sa plus tendre jeunesse[1]. Sa modestie et sa pudeur estoient si grandes, que jusqu'à la fin de sa vie elle n'auroit pas voulu parler seule à quelque homme que ce fût, sans que la porte demeurast ouverte, ou qu'il y eût une troisiéme personne. Elle aima les belles Lettres[2], les beaux Arts[3] et les Sciences même les plus abstraites[4]. L'extrême facilité de son esprit luy donna le moyen d'en comprendre les principes comme en courant, et d'en tirer par ses reflexions ce qu'elle ne s'estoit donné ni le temps ni la liberté d'en apprendre: mais son extrême modestie l'empêcha de sentir sa capacité, hors dans les occasions où elle eut besoin d'en faire usage.

Pour les affaires domestiques, son pere qui estoit autant homme de cabinet qu'homme de guerre, l'y dressa dès sa premiere jeunesse. Comme il luy trouva beaucoup d'ouverture d'esprit, il luy donna quelque connoissance des plus grandes affaires, luy faisant

---

Charles de Schomberg, si ce n'est qu'il tenta à plusieurs reprises de la mettre en garde contre la nouvelle opinion et contre ceux qui la publiaient, entre autres le Père Desmares et l'abbé de Bourseys qui avaient libre accès dans la maison des Liancourt. Cf. Nicolas Rapin, *Mémoires*, t. I, p. 99-101.

1 Cf. Jean Chapelain, Lettre à M. de Montestruc de Flamarens, datée du 22 août 1638, in *Lettres*, t. I, p. 285, n. 1. «Leur piété», dit G. Hermant en parlant de Monsieur et de Madame Liancourt, «était reconnue de toute la cour et de toutes les personnes équitables» (*Mémoires*, t. III, p. 491).

2 Cf. *Correspondance de Gaston de Renty*, p. 919-20: «[Jeanne de Schomberg] possédait plusieurs langues, chantait et dessinait agréablement, et composait des vers français pleins de naturel: à des connaissances très étendues en littérature et en histoire, elle joignait celle des mathématiques et de la géométrie; et son père l'avait initiée lui-même dans les secrets de la diplomatie».

3 Elle embellit le château de Liancourt d'après ses propres plans.

4 Selon Rapin (*Mémoires*, t. I, p. 99): «[Jeanne de Schomberg] avoit l'esprit grand, aisé, solide; mais la trop grande facilité qu'elle avoit à comprendre les choses les plus difficiles dans les sciences luy donnoit une avidité d'apprendre et une trop grande curiosité de savoir les questions les plus abstraites de la theologie et d'en pénétrer le fond».

lire des Négociations et des Traitez, luy dictant des dépêches, et luy en faisant faire pour l'exercer.

Les qualités de son coeur se verront dans ce qui suit.

Elle fut mariée à vingt ans à un jeune Seigneur qui n'en avoit que vingt-deux[1]. Elle estoit belle, et encore plus agréable que belle. Sa taille estoit parfaite, beaucoup au dessus de la médiocre. Le Seigneur qui l'épousa, estoit un des hommes de la Cour le mieux fait, grand, adroit dans ses exercices, d'ailleurs pourveu de toutes les qualités de l'esprit et du coeur qu'on estime le plus dans le monde, brave jusques à la témérité, comme il parut dans une attaque au siege d'une Place, à la tête du Regiment de Picardie qu'il commandoit. Il estoit fort riche[2], quoiqu'il le fût moins que

---

1 Le 24 février 1620, à l'âge de vingt ans, Jeanne de Schomberg épousa Messire Roger du Plessis, fils de Charles du Plessis, seigneur de Liancourt, et d'Antoinette de Pons, marquise de Guercheville. Notons en passant que Gabrielle du Plessis, la soeur de Roger, épousa François V, duc de La Rochefoucauld, le père de l'auteur des *Maximes* et des *Mémoires*.

2 A en juger par ses propriétés, entre autres le château de Liancourt dans l'Oise (aujourd'hui Liancourt-sous-Clermont), qui était dans la famille du Plessis depuis le milieu du seizième siècle et dont on parle parfois comme d'«une huitième merveille» (cf. Jean Loret, *Lettre ravissante*, 25 avril 1652, in *La muse historique, ou recueil de lettres en vers contenant les nouvelles du temps, 1650-1655*, vol. 2, p. 114; et Saint-Simon, *Mémoires*, t. IV, p. 93) et l'hôtel de la rue de Seine dans le faubourg Saint-Germain, que Monsieur de Liancourt acheta «bien cher» selon l'auteur des *Historiettes* (t. II, p. 146). Les Liancourt ne cessèrent de l'embellir et en firent l'une des plus belles maisons de Paris, au dire de John Evelyn, de passage à Paris le 1er mars 1644: «I went to see the Count de Lion Courts Palac in the rüe de Siene, which is well built, towards his study & bed-Chamber joynes a little Garden, which though very narrow, is yet by the addition of an excellently painted Perspective strangly enlarg'd to appearance; to this there is another part, supported by Arches, in which there runns a Streame of water, which rising in the Aviary out of a statue, seemes to flow for some miles, by being artificially continud in the painting, where it sinkes downe at the Wall, & then this I never saw a more agreable deceipt: At the end of this Garden is a little Theater which is made to change with divers pretty seanes, & the stage so ordered, that with figures of men & Women paynted on light boards, & cut out, a person who stands under neath makes to act as if they were speaking by guiding them, & reciting words in diferent tones, as the Parts require: We were lead hence into a pretty round Cabinet, where was a neate invention for reflecting of lights by lining

l'heritiere qu'il épousoit[1], revêtu d'une grande Charge à la Cour, et fort aimé et consideré du Roy[2]. Le fonds de son naturel estoit entierement conforme à celuy de sa Compagne, bon, liberal, sincere, aimant et honorant toutes les vertus, mesme les plus opposées à ses défauts. Mais il avoit pris les moeurs ordinaires des Courtisans de son âge: L'amour du jeu, du luxe, des amusemens, et la galanterie, tout cela avec une constitution très vive, des occasions fréquentes, et une foule d'exemples, l'engagea dans un train de vie tres opposé aux moeurs de son épouse[3]. Mais cette opposition n'altera point leur amitié et leur confiance. Il l'avoit rendu maîtresse de tout. Elle prit sur elle tous les soins et toutes les peines, luy rendit tous les honneurs et toute l'autorité, fermant les yeux à tout ce qu'elle devoit ignorer de la vie secrette de son mary[4].

---

divers sconces with thin shining plates of gilded Copper ...» (*Diary and Correspondence*, p. 64).

1 Voir l'énorme inventaire des biens Liancourt, commencé le 16 juillet 1674 après la mort de Jeanne de Schomberg, Archives Nationales, Minutier Central, étude LXXV (cf. J. Lesaulnier, p. 169, n. 8).

2 Roger du Plessis fut nommé gentilhomme de la chambre en 1624, chevalier des ordres du roi en 1633, et fut créé duc de La Rocheguyon en 1643. Marquis de Liancourt, il fut créé duc et pair vingt ans plus tard. Cf. Saint-Simon, *Mémoires*, t. III, p. 22-3 et J. Lesaulnier, p. 170, n. 12 et 15.

3 On mentionne souvent son étroite liaison avec le poète Théophile qui passait, non sans cause, pour libertin.

4 Cf. N. Fontaine, *Mémoires*, t. II, p. 445-46: «M. de Liancourt est de ces personnes qu'on peut dire avoir été sanctifiées par la sainteté de leurs femmes. Car lorsqu'il vivoit en grand Seigneur, & qu'il trouvoit dans ses grands biens de quoi satisfaire tous ses plaisirs, cette admirable femme faisoit doucement passer la première impétuosité de ses feux, sans se plaindre jamais, non pas même de ce qui est le plus sensible à une femme. Elle enduroit les infidelités de son mari sans témoigner en rien savoir. Cela redoubla extrêmement le respect que M. de Liancourt avoit pour elle. On le vit un jour: car Madame s'étant fait apporter les comptes de son intendant, elle vit sur les parties du tailleur une robe de chambre d'une magnificence extraordinaire, & telle qu'elle même n'en avoit point de semblable, dont Monsieur son mari avoit fait présent à une Demoiselle qu'il voyoit. Elle ne dit pas un seul mot, & ayant ensuite parlé de ces comptes, M. de Liancourt fit venir l'Intendant, & lui demanda si cette robe de chambre avoit été mise sur ses parties. Il lui dit qu'oui. Il en témoigna un très sensible regret & eut un chagrin mortel de ce que sa femme avoit ce dégout ...»

Il tomba malade d'une fievre pestilente. Trois de ses domestiques moururent de cette contagion. Le charbon parut avec des signes mortels, qui ne laissoient plus esperer qu'environ trois ou quatre heures de vie. Personne n'osoit avertir le malade du peril où il estoit. Les medecins avoient défendu, selon la coutume universelle de ce temps-là , de donner de l'air au malade. La jeune épouse s'enferma avec luy dans cet air empoisonné, et y demeura tout le temps necessaire pour luy faire entendre, sans le surprendre, une nouvelle si terrible; l'accompagna des conseils necessaires dans une occasion si pressante, et jetta deslors les fondemens d'une conversion qu'elle demandoit à Dieu par des prieres continuelles, et par toutes sortes de bonnes oeuvres. Le malade fut touché, mais non pas entiérement converti.

Peu après le rétablissement de sa santé, il fut attaqué de la petite verole au milieu d'un voyage de la Cour. Rien ne fut capable d'empêcher sa vertueuse Compagne de s'enfermer avec luy dans son carrosse, et de luy rendre ses assiduités durant tout le cours de sa maladie: Il en guérit; mais aussitôt après il reprit son train de vie ordinaire.

Elle forma le dessein de le séparer peu à peu du monde, ne voyant nulle autre ressource pour son salut[1]. Rien n'estoit plus incompatible que la retraite avec les établissemens, les prétentions et les esperances de ce jeune Seigneur: mais tout cela estoit encore plus incompatible avec son salut. Il falloit donc opter, et cette jeune Dame n'hésita pas. Elle estoit entrée de tout temps dans toutes les inclinations innocentes de son époux. Il aimoit la campagne, les exercices et la liberté, et avoit un grand goût pour le mérite, de quelque espece qu'il fût, et quelque part qu'il le trouvât. Elle se

---

[1] Convertir son mari à la dévotion est un devoir qui incombe à la femme, cf. Jean-Pierre Camus, *Palombe ou la femme honorable* où il est montré comment «les femmes vertueuses et honorables, par la douleur et la patience, ramènent ... à la raison les maris les plus dissolus» (p. 105); et le P. Girard de Villethierry, *La vie des gens mariez, ou les obligations de ceux qui s'engagent dans le mariage*, ch. XXXI, p. 387: «Les femmes doivent porter leurs maris à la pieté & les gagner à Dieu par leurs discours, & encore plus par leur sagesse & par l'exemple de leur vie sainte & édifiante».

résolut de se servir de toutes ces inclinations ou indifférentes ou louables pour luy tendre un piege qu'elle crut innocent, aussi bien que les personnes de piété qu'elle consulta[1]. Elle s'avisa d'embellir une Maison de campagne[2], en y faisant des jardins d'une extraordinaire beauté, et élevant des eaux avec un artifice admirable. Comme elle avoit l'esprit inventif, elle fit son plan de telle sorte, qu'il n'y avoit rien alors dans le Royaume qui pût approcher de ce qu'elle avoit imaginé. Elle se trouva capable de donner de sa main les desseins des Jardins et des Machines. Elle entreprit et conduisit ce grand Ouvrage, et y réussit de sorte qu'il n'y a pas encore à présent un Jardin en France, hors les Maisons Royales, d'un goût plus grand ou mieux entendu[3]. La dépense,

---

1 Cf. N. Fontaine, *Mémoires*, t. II, p. 447-48: «Cette admirable Dame ... appliqua tous ses soins à faire tomber Monsieur son mari en de bonnes mains, & à lui chercher un homme qui sût tellement compatir à sa foiblesse, qu'il n'oubliât pas ce qui étoit du à Dieu, de peur que ce nouvel édifice qu'on méditoit de bâtir n'étant fondé que sur le sable, & non sur la pierre ferme, ne fût pas de longue durée: elle en trouva en effet un tel qu'il lui falloit. Je ne sais pas qui il étoit; & ce n'étoit pas assurément un de ces Messieurs de Port-Royal: mais il est aisé de juger que c'étoit une personne fort éclairée & fort sage, par les avis qu'il donna à ce Seigneur pénitent, pour le reglement de sa personne & de sa famille, pour la reparation du passé, & pour la conduite de l'avenir». Le texte auquel l'auteur fait allusion et qu'il rapporte par la suite, est intitulé *Avis généraux pour un Seigneur de qualité* et le personnage en question est probablement le Père jésuite Cesar-François d'Haraucourt, membre éminent de la Compagnie de Jésus, qui était à cette époque le confesseur de Madame de Liancourt. Dans ses *Mémoires* (t. I, p. 98-9), N. Rapin note que «M. de Liancourt était alors attaché au P. Jean d'Haraucourt, jésuite, dont il goûtait l'esprit; ce père se servit de la confiance que le marquis avait en lui pour le faire penser à son salut, en quoi il lui fut fort utile». Voir aussi Claude Lancelot, *Mémoires*, t. I, p. 131. Jean-Jacques Olier, le curé de la paroisse Saint-Sulpice et son successeur Alexandre Le Ragois de Bretonvilliers ont peut-être aussi joué un rôle dans la conversion de M. de Liancourt, qui fut trois ans marguillier de sa paroisse.

2 1718, coll. Berriot, note manuscrite: Liancour.

3 On a souvent noté la magnificence du Château de Liancourt, cf. La Fontaine, *Les amours de Psyché et de Cupidon* (1669), Livre premier, p. 67: «Assemblez sans aller si loin,/Vaux, Liancourt et leurs naïades ...» Rapin dans ses *Jardins* célèbre «la Nymphe de Schomberg»: «Et quam mille modis Schombergia duxerit undam/Nympha, loci custos ...» (cf. Sainte-Beuve, *Port-Royal*, t. III, p. 177).

quoique petite par rapport à l'Ouvrage, fut très grande. Mais cette vertueuse Dame estoit résoluë d'acheter à quelque prix que ce pût estre le salut de son époux. Elle fit entrer dans son dessein toutes les commodités nécessaires pour les exercices et pour les jeux d'adresse. Elle attacha à sa Maison des gens d'esprit, savans, d'humeur et de conversation agréable[1]; et par là elle tira peu à peu de la Cour celuy que Dieu luy avoit donné pour le sanctifier.

Il commença donc à s'abstenir du mal, à proportion qu'il s'éloignoit des occasions. Elle prenoit toutes celles qui se presentoient de faire passer de sages avis. Mais rien ne servit tant à son dessein qu'une grande maladie qui luy survint à elle mesme[2]. Les exemples de sagesse qu'elle avoit toujours donnés à son mary, ceux qu'elle luy donna dans cette maladie par sa patience et par son égalité, et la crainte de perdre la personne qu'il aimoit et qu'il estimoit le plus, le frapperent d'une telle confusion de la vie qu'il avoit menée jusqu'alors, qu'il rompit ses liens, et commença d'entrer dans la pratique de la vertu.

Il avoit alors quarante ans, et ce fut la premiere consolation de sa vertueuse Compagne, après dix-huit ans de patience. Il se contenta durant plusieurs années d'une vie assez commune, tandis que son épouse, encore plus chargée du soin de son ame propre que de celle de son mary, continuoit à s'occuper de plus en plus de ses devoirs, et à s'en instruire à fonds dans la méditation de la Loy de Dieu, et dans les instructions publiques et particulieres.

Elle avoit compris que chacun est obligé non seulement de s'éloigner de tout mal, mais encore de tendre à la perfection[3]. Mais

---

1 1718, coll. Berriot, note manuscrite: de Port Royal.

2 Il est fait mention de cette grave maladie dans une lettre de Chapelain à Montauzier, datée du 3 octobre 1638 (*Lettres*, t. I, p. 300, n. 2): «Mme de Liancourt qui est à l'extrémité, est un nouveau sujet de douleur pour moy». Sur la conversion de M. de Liancourt, cf. Claude Lancelot, *Mémoires*, t. I, p. 131.

3 Sur cette notion de perfection, cf. le P. Surin, *Guide spirituel pour la perfection* (1661), Part. I, ch. 1, p. 70: «l'état de la perfection chrétienne est rempli de bonheur et contentement et ... on peut dire raisonnablement que celui qui le possède est parvenu au plus grand bonheur que l'homme puisse espérer en ce monde».

comme elle remarquoit en ceux qu'elle consultoit pour sa conduite, de la diversité et mesme de l'opposition en plusieurs rencontres, elle se crut obligée de s'éclaircir. Elle se sentoit prévenuë en faveur de ceux dont les principes flatoient davantage sa raison naturelle, et ses inclinations. Cependant comme il ne s'agissoit pas de suivre sa pente, mais d'examiner si elle pouvoit la suivre, elle crut ne devoir rien résoudre qu'en connoissance de cause. Entre les personnes dont le mérite l'avoit portée à leur faire du bien, elle en choisit un qu'elle crut propre à l'éclaircir par son habileté et par son travail[1]. Elle sçavoit qu'il estoit dans une prévention semblable à celle qu'elle sentoit sur plusieurs matieres qui luy paroissoient fort douteuses. Mais comme son dessein n'estoit pas d'estre flattée, il luy étoit un peu suspect par la raison de leur prévention commune. Elle le conjura donc de s'instruire pleinement de la doctrine de l'Eglise, et de luy parler ensuite de bonne foy. «Il ne s'agit pas», dit-elle à ce Theologien, «de chercher dans les Peres, des passages favorables à nos pensées, mais d'en tirer tout ce qu'on y peut trouver sur les points contestez». Le Docteur fit dans cet esprit la reveuë de ses études, en entreprit de nouvelles; et après quelques années de travail, il luy rendit compte de tout. Le resultat fut qu'il s'estoit instruit en cherchant à l'instruire, et qu'il falloit changer d'avis. Sur les preuves qu'il allegua, elle tira la mesme conséquence, et marcha jusqu'à la mort dans la voye étroite qu'on luy avoit montrée, au préjudice de ses inclinations et de ses intérests, uniquement attachée à Dieu qui est la Vérité, et à son Eglise qui en est la Dépositaire.

Son époux entra sans peine dans la même voye, et subit le joug de JESUS-CHRIST, l'aimant de tout son coeur à proportion

1 Sans doute s'agit-il de l'abbé de Bourseys, prédicateur, théologien aux côtés de Port Royal. Selon Rapin (*Mémoires*, t. 1, p. 99-101), Bourseys avait une telle influence sur Mme de Liancourt que son frère le Maréchal de Schomberg ne sût lui ôter cette «nouveauté» [la nouvelle opinion] de l'esprit. L'abbé de Bourseys résida durant de longues années à l'Hôtel Liancourt avec sa soeur et ses deux nièces. Lorsqu'il devint ami de Mazarin, il s'éloigna de Port Royal et signa le formulaire en 1661.

de la répugnance naturelle qu'il avoit euë jusqu'alors à se contraindre. Il comprit qu'il falloit captiver son esprit et sa volonté pour arriver à la liberté véritable, et n'aima rien à l'égal de ceux qui luy donnoient les moyens les plus seurs pour réparer le passé, et pour assûrer l'avenir.

A mesure que sa piété augmentoit, il avoit une idée plus haute de la vertu de son épouse. Il consentit enfin à ne la regarder plus comme sa femme, mais comme sa soeur, et la respecta comme l'épouse de nôtre Seigneur Jesus-Christ.

Elle tomba malade à la mort. Il savoit combien sa conversion avoit coûté de peines et de larmes à cette fidelle Compagne, et combien elle luy estoit utile pour son avancement dans la pieté. La crainte de la perdre luy ouvrit les yeux sur la seule superfluité pour laquelle il eût conservé quelque attache. Il s'estoit fait autrefois, avec beaucoup de dépense, un Cabinet de Tableaux des meilleurs Maistres[1]. Il fit voeu d'en vendre pour cinquante mille écus, et d'en donner le prix aux pauvres, soit que Dieu luy conservast par misericorde le secours qu'il luy avoit donné dans cette vertueuse Compagne[2] dont il se croyoit indigne, soit qu'il le luy ostast par justice. C'estoit un voeu de reconnoissance et de soumission tout ensemble. Dieu luy rendit sa Compagne, et la luy conserva durant trente-deux ans.

Pendant tout ce temps ils ne firent que s'animer l'un l'autre dans toutes sortes de bonnes oeuvres, et particulierement dans les oeuvres de misericorde[3], et ils se prevenoient avec une charité attentive dans tous les témoignages d'une amitié et d'une confiance toute chrestienne.

---

1 Poussin, Véronèse, Michelange, Le Corrège, Le Primatice, Raphaël, Mantegna, Le Titien, Léonard de Vinci entres autres et John Evelyn de conclure: «the Ecce homo shut up in a frame or Enchassment of Velvet, for the life and accurate finishing exceeding all description» (*Diary and Correspondence*, p. 65).

2 1718: Compagnie.

3 Cf. N. Fontaine, *Mémoires*, t. II, p. 467: «Ils sont heureux de n'avoir pas attendu à ces derniers momens à rachetter leurs péchés par leurs aumones, & de l'avoir fait de bonne heure, autant que leur revenu le pouvoit souffrir».

Ils eurent toûjours les mesmes maximes, les mesmes sentimens, les mesmes desirs, les mesmes amis.

Ils s'avertirent réciproquement de leurs devoirs avec douceur, avec liberté, avec fermeté.

Il y avoit près de cinquante-quatre ans qu'ils estoient ensemble, quand cette vertueuse Dame tomba malade d'une langueur qui la mena insensiblement à une hydropisie de poitrine. Elle regarda cette langueur comme le signal de son départ du monde. Elle fut en cet état six mois et demi, sans laisser voir au Duc son mari aucun des signes qui auroient pû lui faire craindre la perte dont il estoit menacé[1].

La Duchesse estoit arrivée à soixante et quatorze ans, malgré deux grandes maladies, de continuelles infirmitez, et toutes les fatigues que sa charité luy avoit fait souffrir pour le service du prochain. Malgré tout cela, sa taille et sa voix s'estoient conservées dans un âge si avancé. Elle avoit l'esprit aussi libre, et le courage aussi grand et aussi ferme qu'elle l'avoit eu durant sa plus grande vigueur.

Quinze jours avant sa mort, elle sentit que son jour approchoit. Comme elle n'estoit pas dans le lieu qu'elle avoit choisi pour sa

---

1 Cf. N. Fontaine, *Mémoires*, t. II, p. 465-66: «Monsieur étant tombé dans des infirmités plus grandes qu'à l'ordinaire, Madame aussi redoubla ses peines, ses soins & ses veilles; de sorte que ses assiduités lui causerent à elle-même la maladie dont elle mourut. Cependant que fit-elle? & a-t-on jamais porté aussi loin l'amour conjugal qu'elle a fait? Etant toute détachée d'elle-même, elle ne pensa qu'à cacher sa maladie à son époux; & elle se la cachoit aussi à elle-même, pour ne s'occuper que de celle de son mari, qui lui étoit plus sensible que la sienne. Elle alloit le voir regulierement tous les jours, comme si elle se fût le mieux portée du monde ... Etant toute pâle des approches de la mort qui la talonnoit, toute consommée d'une maladie où il n'y avoit plus de remede, sur-tout dans son âge assez avancé, toute tremblante du peu de force qui lui restoit, & ne pouvant presque se soutenir, elle ne pensoit point neanmoins à son état, & ne songeoit pas même qu'elle fût malade. Hors l'application qu'elle donnoit à son salut & au soin de paroître bientôt devant Dieu, du reste elle se levoit toute moribonde pour aller dans la chambre de son mari. Jusqu'au jour même de sa mort, dans la crainte qu'il ne fût effrayé de cette separation qu'elle sentoit être très proche, elle s'efforça encore de se lever pour lui aller dire les derniers adieux, mais sans qu'il se doutât de l'affliction qui le menaçoit de si près».

sépulture, elle dit à une personne de sa confidence: «Il est temps de porter mon corps à sa derniere demeure. Il y aura moins de ceremonies à l'y porter vivant que mort».

Elle partit incontinent après pour ce dernier voyage. Un Ecclésiastique de ses amis, tres-savant et tres-pieux estant venu au devant d'elle, elle luy dit: «Je suis venuë ici, afin que vous m'aidiez à aller aux noces de l'Agneau».

Depuis son arrivée, elle ne fit que prier, et écouter des personnes de pieté qui luy parloient de la vie bien-heureuse où Dieu la conduisoit par la penitence d'une langueur meslée de douleurs vives et d'incommodités tres fâcheuses.

Le quatriéme Dimanche d'après la Pentecoste, qui fut quatre jours avant son decès, son extrême foiblesse ne luy permettant pas de se faire porter à l'Eglise, elle assista en esprit à la Messe, qu'elle se faisoit lire en mesme temps qu'on la celebroit dans la Chapelle du Chasteau. Dans cette occasion son zele deroba à son extrême modestie et à son silence ordinaire, des paroles tres touchantes, conformes à son état et aux differentes parties du Sacrifice. Et l'on entendit qu'après ces dernieres paroles de l'Evangile, *Relictis omnibus secuti sunt eum,* elle disoit: JESUS *mon Seigneur, que je quitte tout et la vie mesme pour vous suivre.*

Elle commença à disposer le Duc son époux à leur séparation prochaine, prenant une occasion qui se présenta de parler du bonheur des amitiés saintes qui ne sont point sujettes aux changemens, et qui durent mesme après la mort[1].

Le Mardi suivant elle se servit de l'occasion d'une courte absence de M^r^ son mari pour recevoir l'Extrême-onction, et prit la résolution de luy parler ouvertement de sa mort à son retour. Elle luy dit donc le lendemain ce qu'elle avoit crû devoir faire en son absence: puis elle ajoûta avec un visage tranquile: «Je m'en vas: apparemment nous ne serons pas separez longtems: car à l'âge où nous sommes, le survivant suivra bientost. Je pars donc dans

---

1 Cf. François de Sales, *Introduction à la vie devote*, Part. III, ch. 19, «Des vrayes amitiés», p. 202-205.

l'esperance de vous revoir. Ce qu'il y a de sensible dans l'amitié des Chrestiens, n'est rien. Il n'y a rien de grand que la charité, qui demeure toûjours, et qui est bien plus parfaite dans le ciel que sur la terre. C'est par elle que nous serons toûjours inseparablement unis[1]. Et si Dieu me fait miséricorde, je le prierai qu'il nous réunisse bientost». Elle apperçût un Ecclésiastique qui fondoit en larmes comme le Duc. Elle luy dit donc: «Hé quoi, Monsieur, vous pleurez, vous que je croyois devoir consoler Mr de N. Pour moi, graces à Dieu, je suis en paix. Peut-on estre fâchée d'aller voir JESUS-CHRIST? Si l'on a quelque chose à mettre sur ma tombe, il faut que ce soit: *Je croi que mon Redempteur est vivant, et je le verrai en ma chair»*. Elle défendit toute superfluité.

Après cela elle voulut estre seule autant que son état le luy permettoit. Elle prescrivit à une personne de confiance tout ce qu'elle avoit à faire pour tenir secret le moment de sa mort; prévenir les clameurs des domestiques, et porter cette nouvelle au Duc son époux, de la maniere la moins capable de le surprendre. Environ deux heures avant sa mort, elle appella son Concierge, et luy fit promettre qu'il prendroit soin de faire couvrir de ses Portraits qui avoient la gorge trop découverte[2]. Et après avoir passé toute la nuit à adorer Dieu, à luy demander misericorde par JESUS-CHRIST Nostre Seigneur, à invoquer la sainte Vierge, les saints Anges, et en particulier saint Michel et saint Jean; elle rendit son ame à Dieu le Jeudi à sept heures du matin, 14 Juin 1674, ayant passé toute la nuit en agonie, mais sans autre changement qu'un plus grand air de majesté, de douceur, et de sainteté sur son visage et dans toute sa personne, laissant au Duc son époux d'humbles et sages avis sur le plan de la vie qu'il devoit mener

---

1 Cf. F. de Sales, *Introduction*, Part. III, ch. 19, p. 203: «si vostre mutuelle et reciproque communication se fait de la charité, de la devotion, de la perfection chrestienne, o Dieu, que vostre amitié sera pretieuse! Elle sera excellente parce qu'elle vient de Dieu, excellente parce qu'elle tend à Dieu, excellente parce qu'elle durera eternellement en Dieu. O qu'il fait bon aymer en terre comme l'on ayme au Ciel, et apprendre a s'entrecherir en ce monde comme nous ferons eternellement en l'autre!»

2 1718, coll. Berriot, note manuscrite: pourquoi attendre après sa mort.

après leur séparation, qui se terminoient tous aux devoirs de son état dans sa maison et dans ses terres, et à quelques expedients pour multiplier les oeuvres de misericorde à proportion de la diminution de sa dépense. Il la suivit de près, comme elle l'avoit préveu, car il ne luy survesquit que sept semaines[1].

Telle fut la pratique de cette Dame à l'égard du plus grand des devoirs de la société civile.

Pour ce qui est de l'education de ses enfans, elle n'eut qu'un fils, et de son fils une petite-fille[2]. Elle éleva le Comte son fils de sorte qu'il entra dans le monde, pénétré de cette maxime où sont comprises toutes celles qui regardent la conduite de la vie de tous les hommes, sans en excepter un seul: «La seule regle de ce qu'on doit au monde, est ce qu'on doit à Dieu[3]; et la droite raison consiste à tirer de ce premier et unique devoir, l'idée de la véritable grandeur, du vrai courage, de la valeur, de l'amitié, de la fidelité, de la libéralité, de la fermeté, et de toutes les vertus dont les gens de qualité se piquent le plus. Elle l'aimoit fort, mais selon l'ordre de la charité, qui veut qu'on aime Dieu seul plus que tout le reste

---

1 Cf. N. Fontaine, *Mémoires*, t. II, p. 466-67: «ils n'ont guéres survécu l'un à l'autre, & s'étant aimés si tendrement pendant leur vie, ils n'ont pu même se separer en mourant ... Toujours Madame de Liancourt lui revenoit dans l'esprit, son bon coeur, sa modération, sa sagesse, ses prieres, ses bons exemples, ses soins charitables, ses tendresses, mille choses tout à la fois se représenterent à sa mémoire, qui ne servirent qu'à lui grossir la perte qu'il avoit faite, & à le rendre de plus en plus inconsolable. Ainsi se voyant privé d'un si grand secours, la vie lui devint ennuyeuse. Il ne voulut plus lui survivre, & toute l'horreur de la mort, qui paroit si affreuse à ces personnes de qualité, ne put arrêter l'impatience de ses desirs. Se laissant donc aller à la tristesse, l'espace de peu de semaines le joignit avec celle dont il ne pouvoit se voir separé». M. de Liancourt mourut le 1er août 1674. Sur sa mort, voir aussi le P. Leclerc, *Vies intéressantes*, t. I, p. 411-56.

2 Jeanne-Charlotte du Plessis, fille unique de Henri-Roger du Plessis, comte de La Rocheguyon et d'Anne-Elisabeth de Lannoy.

3 Cf. F. de Sales, *Introduction*, Part. I, ch. 20, p. 69: «En me convertissant à mon Dieu debonnaire et pitoyable, je desire, propose, delibere et me resous irrevocablement de le servir et aymer maintenant et eternellement, luy donnant a ces fins, dediant et consacrant mon esprit avec toutes ses facultés, mon ame avec toutes ses puissances, mon coeur avec toutes ses affections, mon cors avec tous ses sens ...»

ensemble[1]. Comme il estoit un jour pressé d'une violente colique, on proposa à cette Dame une personne qui guérissoit ces maux par des Oraisons. Sur quoi craignant quelque superstition, elle dit: «J'aime mieux que mon fils meure, que de le voir guérir par des moyens qui ne sont pas selon l'ordre de Dieu». Il fut tué fort jeune, servant comme volontaire à la tranchée d'une Place assiegée, y estant accouru avec plusieurs autres gens[2] de qualité, à l'occasion d'une sortie des Assiegés.

Pour la Princesse de N. sa petite-fille, elle la fit élever dans un Monastere célebre[3] pour la regularité et pour l'éducation des enfans. Elle l'en tira à l'âge où l'usage des Monasteres qui suivent la Regle de S. Benoist, défend de garder des filles quand elles ne sont point résoluës de prendre le Voile; non que la jeune heritiere, nonobstant les grands biens qui la regardoient, ne témoignast un grand desir d'estre Religieuse, mais parcequ'elle estoit jeune, et que la Dame son ayeule avoit pour maxime de se défier du sexe, sur tout en un âge où l'on ne se connoist pas encore, et dans une matiere où l'on ne peut trop se connoistre et trop s'éprouver avant que de s'engager. Car pour le Monastere, elle en connoissoit trop la

---

1 Mt 10, 37; Lc 14, 26; Jn 12, 25; s. Augustin, *De Doctrina christiana*, Livre I, ch. 27. Notion fréquemment rappelée par les pédagogues et théologiens de l'époque, entre autres Pierre Coustel, *Les regles de l'éducation des enfans*, t. I, Part. IV, p. 331: «Parens ... n'aimez que Jesus-Christ dans vos enfans. C'est là cette charité divine, qu'il vous ordonne d'avoir pour eux. Car que leur servira pour l'éternité cet amour passager, & de peu de durée, que vous leur faites paroistre»; et Charles Gobinet, *Instruction*, Part. II, p. 236-38, *The Sins against Charity*: «The third is, to prefer the love of men before the love of God, to be more fearfull of their displeasure, than of the offence of God».

2 1718: personnes. Henri-Roger du Plessis fut tué le 13 août 1646 en Flandre au second siège de Mardick où il s'exposa fatalement en déployant un courage admirable.

3 1718, coll. Berriot, note manuscrite: Port Royal des champs. Le 7 mars 1648, deux ans après la mort de son mari, Anne-Elisabeth de Lannoy se remaria avec Charles III de Lorraine, duc d'Elbeuf. La petite Jeanne-Charlotte de La Roche-Guyon fut confiée par ses grands-parents aux religieuses de l'abbaye de Port-Royal. Elle fit l'objet d'un soin tout particulier, surtout de la part de la mère Angélique Arnauld.

sagesse et le parfait desintéressement pour craindre[1] qu'on y introduisît sa petite-fille à rien audessus de ses forces par aucun motif humain[2]. Elle l'en tira donc, pour s'assurer si luy faisant voir un monde choisi, incapable de luy rien porter dans l'esprit qui pust alterer la pureté de ses moeurs, ou affoiblir les maximes dans lesquelles elle avoit été élevée, et luy donnant auprès d'elle toute la liberté qu'une exacte bienséance peut permettre, elle conserveroit, après un temps raisonnable pour cette épreuve, le mesme desir qu'elle avoit témoigné, de sorte qu'on y pust prendre confiance. On verra dans la suite si l'interest et le desir de s'agrandir par quelque alliance extraordinaire eût part à cette épreuve.

Elle prit ce temps pour faire connoistre à cette jeune personne ce monde dans lequel elle pouvoit avoir à vivre; ce monde qu'on ne peut pas ne point haïr sans cesser d'aimer Dieu[3]; ce monde où l'on ne conserve jamais des moeurs et des maximes dignes du Baptême, qu'avec beaucoup de vigilance et de peine, et par une protection singuliere de Dieu[4].

Tout cela soutenu par l'exemple continuel, par l'application, et par les principes de raison, de bienséance, et de foy, et surtout par l'éloignement de tout ce qui pouvoit en balancer ou affoiblir l'impression, fit son effet pour rendre le monde suspect à cette jeune personne, et pour la résoudre à prendre contre luy toutes les

---

1 1718: apprehender.

2 Le retrait de Jeanne-Charlotte de La Rocheguyon du monastère de Port-Royal où elle est en pension constitue l'un des trois enjeux dans la fameuse affaire du refus d'absolution, les deux autres étant que les Liancourt promettent de ne plus recevoir l'abbé de Bourzéis chez eux et de ne plus fréquenter les personnes de Port-Royal.

3 Paraphrase de Jn 12, 25.

4 Cf. s. Augustin, *La Cité de Dieu*, Livre XXII, ch. 23. On trouve dans la pastorale de nombreux développements sur la toute-puissance de la grâce, cf. entre autres Jean Daille, *Vint sermons* (1658), XVI, *Pour le lendemain de Pentecoste*, p. 652: «le commencement, & le milieu, & la fin de nôtre salut est l'ouvrage de sa seule grace en Jesus Christ. Recognoissons nôtre neant, & renonçant à nous mesmes appuyons-nous sur le bras du Tout-puissant, donnant à sa main & à sa bonté la gloire de tout ce que nous sommes en son Fils».

précautions necessaires. Mais tout consideré, la Duchesse son ayeule crut la devoir marier.

Dans ce dessein elle prévit que sa petite-fille estant belle et fort riche, elle ne pouvoit manquer d'avoir à choisir entre les plus grands Partis. Mais c'est ce qui faisoit sa peine dans la crainte où elle estoit de n'avoir pas toute la liberté de choisir ce qui luy convenoit. Son unique ambition estoit de trouver quelque homme de qualité qui fust propre à soûtenir l'éducation qu'elle avoit commencée, au moins qui ne prist pas à tâche de la luy faire oublier: et dans cette veuë son plus grand soin estoit de se préparer un rempart contre toutes les propositions qu'on luy pourroit faire sur ces grands Partis qu'on regarde et qui se regardent les premiers comme une fortune, et qui par cette raison croient avoir droit de faire dominer leurs moeurs, leurs goûts et leurs fantaisies, par tout où ils entrent.

Le Duc son Mari estant dans les mesmes dispositions, ils accepterent avec joie un jeune Seigneur d'une Famille illustre, de moeurs honnestes et commodes, et de grande esperance[1]. Il n'estoit pas aussi riche alors, qu'il l'est devenu depuis: mais ce fut une des raisons de leur choix, prévoyant qu'il en auroit dautant plus de consideration pour leur petite-fille, et plus de complaisance pour leur avis. Ils donnérent donc leur parole au pere de celuy qu'ils regardoient dès lors comme leur Gendre, et luy donnerent leur parole, afin que cet engagement leur servist d'excuse et de défense contre les propositions qu'ils avoient préveuës.

Le cas arriva avant que leur petite-fille fût nubile, et l'expedient qu'ils avoient préparé, les défendit des deux plus grands Partis du royaume, l'un pour la naissance et les grands biens, l'autre pour les grands biens et la faveur.

---

1 François VII, duc de la Rochefoucauld (le fils de l'auteur des *Maximes*), Prince de Marsillac. Sur le choix d'un(e) époux(se), cf. Fortin de la Hoguette, *Testament*, Part. III, ch. II, p. 258: «Regarde plustost à la pureté qu'à l'ancienneté de son sang; & aux bonnes moeurs, qu'aux dignitez qui seront en la race où tu la prendras».

Ce fut de celuy-ci dont ils eurent plus de peine à se défendre: car on n'en est pas toûjours quitte en de semblables occasions pour des remerciemens civils[1].

Celuy qu'on avoit chargé de faire la proposition, rendit compte de la réponse. On rechargea cette proposition d'offres tres-avantageuses, de la Charge de Dame d'honneur de la Reine pour l'ayeule de l'épouse prétenduë, du paiement de quatorze cens mille livres deuës par le Roy au Maréchal Duc son frere, dont elle estoit seule héritiere, et de faire passer en Parlement, avant tous les autres semblables Brevets, le Brevet de Duc que le Roy avoit accordé à son époux quand il estoit encore premier Gentilhomme de la Chambre. Tout cela n'ébranla pas un moment ni l'un ni l'autre. Enfin le premier Ministre parlant au Duc, et luy representant qu'il devoit au moins considerer l'avantage de mettre à la Cour les vertus exemplaires en faveur, et d'y remettre en estime, en honneur, et en confiance plusieurs hommes de merite fort aimés et fort estimés de ce Seigneur, que le malheur du temps et diverses conjonctures facheuses avoient rendu tres suspects à la Cour; ce Seigneur éblouy de ces derniers avantages, qui dès lors estoient les seuls[2] capables de toucher son coeur, fut ébranlé de sorte qu'il succomba. Mais il ne voulut pas donner sa parole sans consulter celle qu'il regardoit comme son Ange visible, esperant d'ailleurs qu'elle seroit du mesme avis. Il luy en parla donc dans ce sens, c'est-à -dire comme un homme qui ne doute plus. La réponse fut sans hésiter. «Vous savez, Monsieur, que je ne vous ai jamais desobey: mais pardonnez-moi si je vous dis que nous devons plûtost achever de rompre les liens qui nous attachent encore au monde, que de les renouer. La Cour n'est pas un séjour propre à notre salut. Nous ne la changerons pas. Ce n'est pas à nous à la vouloir sanctifier, mais à faire pénitence». Cette derniere parole remit le Duc dans sa premiere disposition, et sa derniere réponse fut comme la

[1] Le Cardinal Mazarin voulait marier la jeune fille à l'un de ses neveux, Philippe-Julien Mazarini Mancini.

[2] 1718: seules.

premiere, qu'il avoit donné sa parole, et que nul avantage, de quelque nature qu'il pust estre, ne pourroit jamais le consoler s'il y avoit manqué. Ainsi les propositions furent éludées, le mariage projetté fut accompli; la jeune Princesse de N. passa toute sa vie à la Campagne et à la Ville sans venir à la Cour, dans une telle innocence et une telle pureté de moeurs, qu'elle ne voulut jamais voir les Comediens du Roy qu'on avoit mandés exprès et fait venir à grands frais pour elle dans une Ville tres proche du lieu de sa demeure, et qu'ayant dans la suite consenti par complaisance aux instances que le Prince de N. son mari luy fit de voir quelque représentation, elle en conserva toute sa vie le regret. Une personne luy fit lire un Roman, et elle eut tant de douleur de l'avoir leu, qu'elle fit voeu de n'en lire jamais; et s'en souvenant encore dans sa derniere maladie, elle pria une personne de qui on le sçait, que si elle s'appercevoit qu'elle l'oubliât, au cas que Dieu luy rendist la santé, elle l'en fist ressouvenir. Elle mourut à Paris tres jeune, n'ayant pas encore vingt-quatre ans accomplis.

Je l'ai veuë plusieurs fois à Paris et à la Campagne dans une simplicité et une modestie de Vierge en ses habits, en sa coiffure, en son maintien, en ses regards. Je la trouvois ordinairement dans la pratique actuelle et perpetuelle d'une maxime capitale pour la societé que la Duchesse son ayeule luy avoit inspirée. «Que le seul moyen de mener sur la terre une vie supportable et tranquile, estoit de travailler continuellement à tenir son coeur dans sa main, soumis et préparé à toutes les servitudes de son état». Je luy ai donc toujours veu un visage égal et tranquile, sans éclat de joie et sans abattement, aimant la compagnie des gens de mérite, et affable à tous, à chacun selon son rang[1].

---

[1] Au sujet de cette jeune personne, cf. La Rochefoucauld, Lettre à la Marquise de Sablé, datée du 21 juin 1662, in *Lettres*, *Oeuvres complètes*, p. 490: «Je ne dirai rien de ma belle-fille, puisque la Plante vous en a assez entretenu, si ce n'est que tout de bon il n'y a jamais eu une meilleure et plus commode personne; elle est aussi enfant presque que quand elle a eu l'honneur de vous voir».

Telle fut la conduite de cette Dame pour l'education des enfans, et tel le succès de cette conduite pratiquée sur les siens de l'un et de l'autre sexe. Il n'y eut aucune maxime dans la Morale chrestienne la plus pure, qu'elle ne leur insinuast, dont ils ne vissent l'exemple et la pratique dans sa vie. Elle les leur faisoit remarquer dans ses amis, et elle convainquoit leur raison, selon leur âge, leur portée et les occasions, de la justice et de la verité de ces maximes. Et elle se fit un devoir capital de soutenir tout cela dans ses enfans tant que Dieu les luy conserva, persuadée que hors les pratiques exterieures, indifferentes pour l'essentiel, il ne doit y avoir ni à la Cour ni à la Guerre, ni dans toute la societé civile, ni dans les affaires publiques, ni dans les particulieres, aucunes autres maximes que les Evangeliques, et qu'on ne doit pas tant travailler à les enseigner aux enfans, qu'à les en persuader et à les leur faire aimer et honorer, et que tout cela n'est presque rien faire, si on ne soûtient les enfans dans la pratique de ces maximes, jusqu'à ce que l'âge et l'habitude les ait fait passer comme en nature.

A l'égard de ses amis elle les aimoit selon l'ordre de la charité, qui veut qu'on préfere les choses éternelles aux passageres, et son propre salut au repos temporel du prochain. On l'a veu par le refus qu'elle fit d'une occasion si favorable à leur repos, en profitant de tant d'autres avantages pour son propre agrandissement et sa fortune, au dépens d'une plus grande seureté pour son salut: en quoy elle fut fort louée par ceux mesmes dont elle avoit compté les affaires pour rien en comparaison de son propre salut.

Ce qui suit fera voir que ce n'estoit pas l'indifference pour ses amis qui l'avoit mise au-dessus des sentimens naturels qui le luy estoient autant pour eux que pour elle-mesme. Elle estoit: pour le moins aussi occupée de leurs affaires que des siennes propres, pourvoyoit à leur necessaire de la vie aux dépens du necessaire de sa qualité, que les gens de son rang, mesme les plus raisonnables, regardent tellement comme un necessaire absolu, qu'à peine ont-ils assez de tout pour ce necessaire. Sa tendresse pour ses amis ne l'empêchoit pas de connoistre leurs défauts: (car où sont les gens assez accomplis pour n'en pas avoir?) Mais elle la tenoit dans une solicitude perpetuelle pour les avertir de leurs fautes, et sur tout pour les leur faire éviter, pour les ménager, pour éloigner et prévenir les occasions, et leur faisoit sentir leurs fautes comme les siennes propres, qu'elle sentoit tres vivement. Elle n'aima aucun de ses amis à l'égal de ceux qui par leurs instructions, leurs avis, et leurs corrections, l'aidérent à entrer dans le sentier étroit qui meine à la vie, et à y faire du progrès.

Les longues disgraces de quelques-uns[1], ni la part qu'elle y eut par le Duc son mari qui eut à souffrir pour eux, ne la rebuterent point. Menacée de tout perdre par un faux bruit qui courut, et qui paroissoit bien fondé, elle n'en fut point ébranlée.

Le Maréchal Duc son frere estant menacé de la mort dans la maladie dont il mourut chez elle, elle le pressa de faire un Testament, de crainte que mourant chez elle, on ne crust qu'elle l'en auroit empêché. Elle s'avisa mesme de luy demander pour la Maréchale son épouse le don d'une Terre de plus de cinquante mille écus. Il refusa ce don, comme préjudiciable à sa soeur qui estoit sa principale heritiere. Mais il ne put resister à ses instances réiterées, quoiqu'il trouvast les conventions plus que suffisantes; et le Duc autorisa le consentement de sa femme, et acheva de résoudre le mourant à ce qu'ils desiroient pour leur amie.

Quant aux affaires domestiques, son pere l'y avoit dressée, et l'avoit trouvé capable d'entrer dans les plus grandes affaires dès sa jeunesse comme il a esté dit.

Elle garda donc dès le commencement un grand ordre dans sa Maison, ne laissa souffrir personne, faute de payement; vendit et engagea ses pierreries pour payer les dettes qui passoient le revenu, mesme quelques dettes du jeu du Duc son mari, qui dissipa pendant un long-temps plus de dix mille écus par-delà ce qu'ils pouvoient tirer de leurs Terres: et tout cela avec d'autres expediens n'ayant pas suffi dans la suite, dès qu'elle le vit en état de concourir avec elle à régler leur dépense sur leur revenu, elle l'engagea à

1 1718, coll. Berriot, note marginale: Arnaud et ...

consentir à la vente d'une Terre de sept cens mille livres, pour acquitter toutes les dettes qui s'estoient insensiblement accumulées.

Elle n'entreprit et ne soutint jamais de procès qu'après avoir pris conseil sur son droit et sur sa conscience, et avoir proposé des Arbitres[1]. Si en cherchant des preuves pour elle, elle en trouvoit contre elle dans des affaires douteuses, elle en faisoit part à sa Partie adverse et aux Juges[2], ne regardant jamais un procès comme veritablement gagné, que quand il n'y avoit eu ni déguisement dans le fait, ni surprise soit pour le fonds, soit pour la forme. Si elle trouvoit des preuves decisives en faveur de sa Partie adverse, elle abandonnoit ses prétentions et se jugeoit elle-mesme à la rigueur. Elle ne faisoit de solicitations que pour instruire ses Juges, ou pour les desabuser, leur sachant aussi bon gré de la perte que du gain, dès que son droit pouvoit estre revoqué en doute; persuadée que Dieu ne donne pas la mesme lumiere et la mesme capacité à tous, et que chacun doit estre fidelle à sa conscience.

Mais on verra mieux sa disposition pour la justice et la charité dans deux exemples.

Un pauvre Gentilhomme avoit un procès contre elle: mais il n'avoit pas le moyen de subsister à Paris pour soliciter. Elle l'aida, et gagna ce procès. Il vint luy representer que c'estoit par la faute de son Avocat qui n'avoit pas fait une production, parce qu'il ne luy avoit pû fournir de l'argent pour la faire. Elle luy en donna. Il fit sa production, et le procès demeura indécis.

Les Gens-d'affaires de la Mareschale sa belle-soeur prirent occasion de luy faire un procès, à elle qui luy avoit fait faire un don considerable à ses dépens par le feu Maréchal son frere: et ce don mesme fut l'occasion qu'ils prirent pour susciter ce procès. Il est inutile de dire en quoi cela consistoit, puisqu'on voit assez par le

---

1 1 Cor 6, 7.

2 Ph 2, 4; cf. *Introduction*, Part. III, ch. 36, p. 257: «soyes egale et juste en vos actions: mettes-vous tous-jours en la place du prochain, et le mettes en la vostre, et ainsy vous jugerés bien; rendes-vous vendeuse en achetant et acheteuse en vendant, et vous vendres et acheteres justement ... on ne perd rien a vivre genereusement, noblement, courtoisement, et avec un coeur royal, egal et raysonnable».

peu que j'en ai dit, si ce procès devoit déplaire, sur tout à une Bienfactrice. Cependant, voicy les mesures qu'elle garda. Elle demanda des Arbitres. Les Gens d'affaires traverserent l'arbitrage et il fallut se resoudre à plaider. Alors elle pria sa belle-soeur que le procès n'alterast point leur amitié mutuelle. Quand il fut instruit, elle luy proposa d'aller ensemble soliciter leurs Juges, et leur témoigner ensemble qu'elles ne desiroient d'eux autre chose que d'estre jugées selon la justice qu'elles leur demandoient l'une pour l'autre, comme chacune pour soi. Malgré ce concert des deux belles-soeurs si beau et si rare, les Gens d'affaires de la Mareschale qui n'entendoient pas son affaire comme la Duchesse, trouverent des expediens pour entretenir le procès.

On convint d'Arbitres pardevant lesquels les Avocats soûtinrent chacun leur cause, la Duchesse presente. Elle s'apperçut que son Avocat étoit beaucoup plus habile que celuy de sa Partie. Elle l'en avertit, luy conseilla de mettre ses affaires entre les mains de quelqu'un autre plus habile, et l'en pressa. Enfin les artifices des Gens d'affaires de la Mareschale ayant prévalu, malgré la reconnoissance de cette Dame et son amitié pour la Duchesse, et les Gens-d'affaires de celle-ci indignés, ayant laissé échaper dans les écritures, contre sa défense expresse, des expressions trop vives et trop peu mesurées à son gré, elle adoucit ces expressions; fit elle mesme dans la suite du procès plusieurs écritures pour éviter un semblable inconvénient; conserva durant un procès plus long que sa vie la mesme douceur, sans interrompre d'ailleurs le commerce d'honnesteté et d'amitié qu'elle avoit eu avec sa belle-soeur avant leur contestation; et témoigna à la mort, que durant tout le cours de ce procès qui duroit encore, et qui luy avoit causé tant de peines et de déplaisirs, elle n'avoit pas eu la moindre aigreur contre celle sous le nom de qui on l'avoit tant fait souffrir.

Pour ses ennemis, elle secourut en secret un homme qui luy avoit manqué de fidelité, et qui estoit tombé dans une infame duplicité à son égard[1].

---

[1] Pr 24, 29; Mt 5, 39-44; Lc 6, 27-29; Rm 12, 17; 1 Pi 2, 19; 3, 9.

Son Argentier l'avoit volée. Elle se contenta de le congedier. Il fit durant la Guerre tout ce qu'il put pour faire piller sa Maison. Enfin il tomba malade: elle apprit l'état où il estoit et son extrême pauvreté. Elle en fit prendre grand soin par une voye secrette, et défendist qu'on lui dît que c'estoit elle qui l'avoit fait assister, à moins qu'on ne jugeast que cet avis fust necessaire ou utile pour le porter à renoncer à la haine qu'il avoit conçûë contre elle, et à demander à Dieu pardon de ses fautes.

Elle auroit pû regarder comme ses ennemis ceux de quelques-uns de ses amis: mais elle eut toûjours autant d'attention à ne pas blesser les premiers, qu'à ne pas manquer aux seconds, procurant la paix autant qu'elle pouvoit, préferant toûjours les moyens les plus doux; entrant dans tous les temperamens qui pouvoient compatir avec la verité, la justice et la sincerité; comptant pour rien ce qui la touchoit en particulier, plus touchée du mal que se faisoient à eux-mesmes ceux qui luy en faisoient, que de celuy qu'ils luy vouloient faire. Je ne dis rien en cela que je n'aye ou vû moy-mesme, ou appris des personnes qui ne la quittoient pas.

Quant à l'usage de ses biens, il fut tout reglé sur deux Maximes. La premiere: «Que nulle créature n'est maîtresse de rien à l'égard de Dieu, que sous le bon plaisir de Dieu et selon les regles de sa bonté et de sa misericorde pour toutes les créatures dont il est également Pere et Conservateur. Elle avoit donc compris que les riches, quoique proprietaires de tout le bien qu'ils possedent selon les Loix, ne sont devant Dieu proprietaires que de leur necessaire et de celuy de leur famille selon la bienséance chrestienne de leur état, mais seulement dépositaires de tout le reste qui est le nécessaire des pauvres, en faveur desquels Dieu le leur a donné pour le distribuer selon l'ordre de la Charité».

La seconde Maxime, qui n'est que la suite de la premiere, estoit: «Qu'encore qu'on soit obligé de donner libéralement tout ce qu'on donne, et qu'on puisse préferer dans la distribution les gens-de-bien et ceux qu'on aime pour leur vertu et leur mérite, à tous les autres: il ne faut avoir égard ni au mérite ni à l'amitié pour donner plus, mais se regler sur le nécessaire de chacun selon l'état où Dieu l'a mis». Elle avoit conclu de là , «qu'il faut plus donner à celuy qui est mal sain, qui ne peut se servir luy-mesme, qui a eu le malheur d'estre élevé délicatement, qui a moins de force pour supporter ses besoins, et moins de talens et de ressources pour se soûtenir d'ailleurs, quoi-qu'on l'aime et qu'on l'estime moins, qu'à un autre qu'on aime mieux, qui a de plus grands talens et plus de mérite, mais qui s'est mis au dessus de sa délicatesse, qui porte constamment, tranquillement et humblement, le besoin où Dieu l'a réduit, et qui a d'ailleurs des amis capables de partager l'honneur de le secourir; parce que les riches ne sont pas seulement établis par la Providence distributeurs de leur bien en faveur des pauvres, mais qu'ils en doivent encore estre les oeconômes. D'où il s'ensuit que les plus riches n'ayant jamais assez de superflu pour soûtenir tous les pauvres qu'ils connoissent, ne doivent pas mettre si à leur aise les pauvres qui sont gens-de-bien, qu'ils leur fassent perdre tout le mérite de leur état, ou qu'ils les mettent dans le danger de s'affoiblir et d'estre tentés par le superflu, ni se mettre eux-mesmes dans l'impuissance de secourir ceux qui n'ayant pas un semblable mérite pourroient estre abatus par une excessive nécessité; ni les méchans qui deviendroient pires, si on ne les secouroit, ni ceux d'entre eux que leur mauvaise volonté contre nous nous oblige à secourir, soit pour contribuer à leur salut, soit pour nous rendre témoignage à nous-mesmes que nous les aimons effectivement, et pouvoir dire à Dieu avec plus de confiance: *Pardonnez nous comme nous pardonnons*».

Ces Maximes paroissoient dans toutes les actions de charité de la Duchesse et dans celles du Duc son mari. Je pourrois les vérifier par des histoires. On a vû ci-dessus quelques faits qui prouvent la pratique actuelle de ce qu'il y a de plus difficile à pratiquer dans ces Maximes, c'est à dire ce qui regarde les ennemis. On voit assez ce qui m'empesche de dire les faits qui prouvent le reste.

Pour les pauvres declarés, elle eut un égard particulier à ceux de ses Terres. Elle les connoissoit tous, s'informoit de leur famille, de leurs moeurs, de leurs besoins, des moyens d'y subvenir et de les faire cesser, et pourvoyoit à tout selon ces vûës.

Quant au necessaire de son état, quoiqu'elle et le Duc son mari l'ayent toûjours maintenu, ç'a toûjours été avec une extrême moderation. Je les ai toujours vû vestus si modestement et si simplement, qu'encore qu'ils ayent conservé un air de dignité qui les faisoit regarder avec respect, ils n'auroient pû moins faire sans se rendre suspects de quelque affectation. Leur suite, leur table, leurs meubles, estoient de mesme maniere. Autant de domestiques qu'ils en pouvoient occuper, grand nombre de couverts à leur table et plusieurs appartemens meublez à la Ville et à la Campagne pour des familles entieres et des particuliers à qui cette commodité convenoit, dont une partie y estoit établie sans aucun autre attachement que celuy de l'estime et de l'amitié.

Cette attention à resserrer son necessaire pour étendre sa charité, a esté dans la Duchesse toute sa vie, mesme avant qu'elle aperçust distinctement la grandeur et la sainteté de la Religion chrestienne: car dès le temps qu'elle fit les Jardins dont il a esté parlé, elle y épargna par ce seul instinct tous les ornemens qui demandent une dépense ou excessive comme les Statues, ou continuelle comme les arbres exquis et les fleurs, par tout ailleurs que dans les bordures des parterres. Elle n'épargna point le marbre dans la Maison de Dieu, mesme au Village: mais elle n'en mit point chez elle, et prefera à toutes ces superfluités, d'appliquer la dépense qu'elle y auroit faite, à nourrir les pauvres invalides de ses Terres, et à eriger des Hôpitaux pour les soulager dans leurs maladies, et des Communautez d'Ecclésiastiques pour les instruire et les consoler. Mais tout cela n'a pas empêché qu'elle n'ait toûjours eu de la peine sur la dépense qu'elle fit dans ses Jardins, quoique pour une bonne intention; et cette peine augmenta à proportion que sa lumiere augmentoit[1]; de sorte que ce fut à la mort une des choses dont elle témoigna le plus de regret, et sur lesquelles elle crut avoir

---

[1] Cf. Sainte-Beuve, *Port-Royal*, t. V, p. 182: «quoique depuis des années elle ne fît plus que simplement l'entretenir, elle se reprochait sur cette fin d'avoir trop orné son exil, d'avoir trop aimé sa prison».

le plus de besoin de l'infinie misericorde de Dieu: «Parce», disoit-elle, «que la Terre est un lieu d'exil et de pénitence pour les Chrestiens, et qu'il n'est raisonnable ni de fortifier aucun des liens qui nous y attachent, ni d'aimer sa prison».

Je n'ai point parlé de l'adresse de sa main à des Ouvrages difficiles, de son talent pour la Peinture et pour les Langues, ni d'autres talens plus considerables, comme de son extrême politesse par rapport aux personnes et à leurs differences de rang, d'âge, et de sexe; de ce mélange de dignité et de douceur, de liberté et de précaution, de serieux et de gayeté qui paroissoient dans sa conversation; de ces railleries toûjours innocentes et souvent obligeantes, et de cette attention perpetuelle et merveilleuse à ne se rien permettre qui pût blesser la réputation du prochain, et à relever doucement par des explications favorables ce qui échapoit aux autres sur cette matiere en sa presence, parceque je n'écris pas une vie. Mais je ne dois pas omettre deux choses. L'une, que parmi tant de vertus et de talens si rares et en eux-mesmes et dans leur concours, les personnes les plus attentives et les plus capables de discernement entre celles qui ont eu le bonheur d'approcher cette Dame, celles mesmes qui ne la perdoient pas de veuë, n'ont jamais remarqué ni qu'elle s'en élevast le moins du monde, ni mesme qu'elle s'en apperçust. L'autre chose qui me semble encore plus extraordinaire et particulierement dans une personne qui me paroist toute heroïque, est que sa vie estoit, pour ainsi dire, si unie, qu'on ne pouvoit rien remarquer dans toutes ses manieres, dans son silence et dans toutes ses paroles qui distinguât sa vertu des vertus communes, que parcequ'on ne luy voyoit aucun défaut, et qu'on ne remarquoit en elle ni mouvement, ni mine, ni geste que l'on pust[1] reprendre raisonnablement. Il y a encore au monde plusieurs personnes qui ont eu l'honneur de la connoistre et mesme de vivre avec elle. Toutes celles que je connois rendront le mesme témoignage. J'ay eu l'honneur de la voir et de l'entretenir plusieurs fois durant les onze ou douze dernieres années de sa vie: mais je

1 1718: qu'on pût.

n'y ai rien reconnu que je puisse nommer défaut, que ce que j'appellerois dans toute autre personne une grande vertu. C'estoit une solicitude perpetuelle pour ses devoirs et pour s'en acquiter sans en omettre aucun, sur tout à l'égard du prochain; et cette solicitude estoit si grande, qu'elle abregeoit son sommeil et l'empêchoit de se rendormir jusqu'à ce qu'elle eût écrit pour le lendemain sur une Tablette ce qui luy revenoit dans la mémoire durant la nuit; ce qui la réveilloit souvent plusieurs fois. Ce soin pouvoit aller jusqu'à une espece d'inquietude. Mais qu'il y a de gens charitables à qui l'on souhaiteroit un semblable défaut! J'ai honte de l'avoir ainsi nommé; car c'est au plus un leger excès de sensibilité naturelle et morale, qui est bien plus rare qu'une excessive tranquilité sur le desordre des affaires, et particulièrement sur les besoins d'autrui.

Voilà quelle fut la personne à qui l'on doit l'ouvrage que je donne au public. La copie sur laquelle on l'a imprimé, a esté faite sur une copie au net retouchée de la main de cette Dame, et de celle d'un Prédicateur celebre, tres savant et tres pieux, à qui elle la confia pour la corriger, avant que de la faire transcrire pour la Princesse de N. sa petite-fille. Ces deux mains m'estoient fort connuës. On trouva l'original tout écrit de sa main avec toutes les ratures, corrections, additions et supplémens que l'on fait ordinairement dans le travail de la composition. J'ai eu autrefois cet original entre mes mains, à quoy ce Prédicateur n'avoit ajouté ou changé que trois ou quatre petits mots.

J'ai lû ce qui suit dans un mémoire que je tiens d'un autre Ecclésiastique, qui fut un de ceux qui assistérent cette Dame à la mort: «On trouva dans ses papiers des marques de la grandeur et de la beauté de son esprit, qu'elle avoit caché toute sa vie avec tant de soin. Elle avoit fait quelques ouvrages en vers sur le S. Sacrement de l'Autel et sur l'Incarnation de Nostre Seigneur, que les Maistres de l'Art ont admirés. On trouva aussi les Avis qu'elle avoit écrits pour la Princesse de N. C'est un ouvrage très digne d'estre donné au public. On y voit tout ce qu'une profonde connoissance des meilleures maximes pour l'éducation des enfans de l'un et de l'autre sexe, de la bienseance et des affaires domestiques, et la pieté la plus pure et la plus éclairée, peuvent inspirer de plus solide et de plus grand».

REGLEMENT DONNE PAR UNE DAME DE HAUTE QUALITE A M*** SA PETITE FILLE, POUR SA PROPRE CONDUITE, ET POUR CELLE DE SA MAISON

PRÉFACE

Puisqu'une personne qui a pouvoir sur moy, veut, ma chere Fille, que je vous represente les obligations particulieres de vostre condition; et que l'on croit que ce que vous en pourriez apprendre des autres personnes, ou des livres, ne vous toucheroit pas tant que ce qui viendra de moy, quelque défectueux qu'il puisse être, je vous diray le mieux que je pourray ce que j'en ay apris par l'instruction et par l'experience, demandant à Dieu qu'il luy plaise d'y suppléer par ses saintes inspirations[1].

Mais afin que vous ne soyez pas rebutée de la peine que vous pourriez rencontrer en voulant vous acquitter de ces devoirs, dont je vais vous parler, il est besoin, ce me semble, que vous consideriez avant toutes choses, en quel état le peché nous a mis dès le commencement du monde, nous ayant engagés à la fuite des delices, au travail[2], et à la mort pour ce monde-cy[3], et à l'enfer pour l'autre, par l'arrêt qui fut alors prononcé contre tout le genre

---

[1] L'obéissance dont Jeanne de Schomberg fait preuve ici et ailleurs (cf. II, 33: «J'obeïray à tous ceux qui ont pouvoir sur moy ... et considereray la puissance de Dieu en eux»), suffirait-elle à apaiser Charles Picoté, le vicaire de Saint-Sulpice, qui reprochait aux Liancourt d'avoir confié l'éducation de Jeanne-Charlotte de La Rocheguyon aux personnes de Port-Royal (cf. *Avertissement*, p. 61, n. 2)? En écrivant ce règlement de vie à l'intention de Jeanne-Charlotte, Jeanne de Schomberg proposait un compromis. Elle s'engageait à prendre en charge personnellement l'éducation de sa petite-fille et à lui inculquer les principes qui avaient guidé sa vie.

[2] Gn 3, 17-19.

[3] Gn 2, 17.

humain en la personne d'Adam[1]; et cette condamnation est aussi juste qu'elle est generale[2].

Il faut aussi considerer, ma chere Fille, que le Fils de Dieu s'estant fait homme pour reparer cette offense faite à son Pere, pour racheter la peine eternelle que nous en devions porter, et pour nous rendre la force et la santé que nous avions perduës, nous a bien fait voir que les peines temporelles ne nous estoient pas remises, puisqu'il a fallu qu'ayant pris nostre nature, il les ait souffertes luy même pour entrer dans sa propre gloire, et pour nous montrer le chemin par où nous y pouvions aller[3].

Après cette condamnation que la justice de Dieu a exercée sur son propre Fils, il vous sera bien aisé de voir qu'il n'y a point d'autre voie pour entrer au ciel, que celle d'obeïr à l'arrest de nostre Createur, et de suivre l'exemple de nostre Redempteur; et ainsi vous pourrez juger que c'est une grande folie de destiner sa vie aux divertissemens, à la joie et au repos[4], ayant à subir necessairement cet arrêt en ce monde ou en l'autre, non seulement à cause de ce premier peché auquel nous avons participé, mais encore à cause de ceux que nous avons commis volontairement depuis que nous avons l'usage de la raison.

---

1 Rm 5, 12-14; s. Augustin, *La Cité de Dieu*, Livre XIII, ch. 13; Livre XIV, ch. 1, etc. L'intérêt pour le péché originel semble culminer à la fin du XVIe siècle et durant le XVIIe siècle, comme en témoignent la réflexion religieuse de cette époque et l'iconographie consacrée à ce thème (cf. L. Réau, *Iconographie de l'art chrétien*, vol. II, p. 77-93). Voir entre autres, Arnauld, *Frequente communion* (1643), ch. XII et XIII, *Des causes qui ont porté les Peres à differer l'Absolution*; Pascal, *Les Provinciales* (1656-1657), lettres I-IV; Gobinet, *Instruction* (1689), Part. V, ch. 2, *A Table of Sins, or an Examen of Conscience upon the Commandments of Gods Law, and of the Church, and upon the Seven Deadly Sins.*

2 Cf. *La Cité de Dieu*, Livre XII, ch. 28.

3 Cf. Rm 5, 6-11.

4 Mépris du monde, rejet de toute distraction et de toute concession à la nature sur lequel insistent la pastorale et pratiquement tous les traités éducatifs du temps. Cf. Louis Cognet, «Le mépris du monde à Port-Royal et dans le Jansénisme».

Avec cette préparation que je prie Dieu de mettre dans vostre coeur, je croy que vous prendrez les seules voies de luy plaire et de vous sauver, qui sont de le prier fort assidûment de vous soumettre à son ordre en toutes choses; de vous instruire en conferant avec des gens capables et pieux; de lire de bons livres[1], et de regler soigneusement vos sens, vos desirs, vos pensées, et vos occupations. Je ne vous parleray point en détail de toutes ces choses, parce que vous en pourez bien mieux estre instruitte par d'autres que par moy. Je vous diray seulement ce que j'ay remarqué des devoirs de nostre condition, à la charge que vous le communiquerez à des gens habiles et vertueux, qui changeront les endroits où je puis avoir manqué, en faisant par obeïssance[2] une chose de cette importance dont je ne me sens pas capable.

---

1 C'est-à-dire les livres saints comme d'ailleurs chez Coustel (*Les regles de l'éducation des enfans,* t. I, Part. II, p. 258 sq), Jouvency (*De ratione discendi et docendi*, Part. II, ch. 1, art. 2, p. 83-5), etc. Dans *Le vray chemin, Troisiesme traitté lequel contient une briefve reigle de la vie Chrestienne et traitte particulierement des remedes plus principaux contre le peché* (f° 468 a), Louis de Grenade préconise «la lecture des bons livres: & tout au contraire la lecture des livres vains est grandement pernicieuse, pour autant que la parole de Dieu est nostre lumiere, nostre medecine, nostre nourriture, & nostre guide. C'est elle qui remplit nostre volonté de bons desirs, qui nous ayde à recueillir nostre coeur à l'heure qu'il est plus distrait, & à exciter en nous la devotion à l'heure qu'elle est plus endormie, & assoupie: & outre ce par icelle on chasse l'oisiveté, qui est à l'origine de tous les vices».

2 Sur l'obéissance à ses supérieurs ecclésiastiques (Pape, évêque, curé) et «celle a laquelle nous nous obligeons par nostre propre election» (on choisit son directeur spirituel), cf. F. de Sales, *Introduction*, Part. III, ch. 11, p. 176-77.

ARTICLE I

De l'Usage du Temps, et du Travail

I. Aprés ce premier peché qui nous rendit tous coupables, Dieu nous ayant obligés sans distinction au travail et à la mort[1], vous considererez, ma chere Fille, que la premiere de ces deux choses nous est autant necessaire que l'autre est inévitable; que nous devons porter aussi ponctuellement cette penitence du travail qui dépend de nous, que Dieu nous fait porter celle de la mort dont il ne dispense personne[2].

2. Cela estant, vous ne trouverez pas étrange qu'on vous dise qu'il faut travailler chacun dans sa condition, autant que celuy qui nous le commande, donne d'industrie et de force à nos esprits et à nos corps.

3. Mais pour estre plus exacte à cela, il faut encore considerer, ma chere Fille, que le temps present ne nous est donné que pour gagner par nostre fidelité et par nostre travail l'éternité bienheureuse, et voir de quelle punition Dieu menace dans l'Evangile ceux qui laissent inutiles les talens qu'il leur a donnés[3]. Car cela nous doit faire juger que cette faute porte à beaucoup d'autres,

---

1 Ex 20, 9; 23, 12; 31, 15; 34, 21; 35, 2; Dt 5, 13.

2 Constante dans les écrits pédagogiques du temps, cf. entre autres Coustel, *Les regles de l'éducation des enfans*, t. I, Part. II, p. 268: «L'homme n'est au monde que pour travailler, ou du corps ou de l'esprit, c'est là sa penitence depuis le péché d'Adam»; Jouvency, *De ratione discendi et docendi*, Part. III, ch. 3, p. 136: «nous sommes nés pour travailler ... nous y sommes condamnés non moins à cause de la faute de nos premiers parents. Le travail est ce qu'il y a de plus utile pour nous».

3 Col 3, 23-5. Cf. Coustel, *Les regles de l'éducation des enfans*, t. I, Part. II, p. 252: «il n'est pas en nostre liberté d'en (= du temps) disposer comme il nous plaist, & de l'employer en des occupations vaines & inutiles, pour ne pas dire dangereuses; et enfin, il faut en rendre à Dieu un compte exact & rigoureux».

puisque non seulement elle est condamnée, mais qu'elle fait perdre les dons qui nous estoient confiés, pour nous laisser pauvres et denués de toutes sortes de biens.

4. Je ne vous parleray point du travail interieur de l'ame à vaincre ses passions, et à s'elever à Dieu par la priere et par la lecture spirituelle, parceque c'est une obligation que je ne suis pas capable d'expliquer. Mais seulement je vous diray que les devoirs particuliers de nostre état, sont, ce me semble, d'avoir l'oeil sur ceux qui sont sous nostre charge, afin de les tenir dans l'ordre de Dieu[1]; d'avoir soin de nos affaires, essayant de s'en instruire par toutes sortes de moyens, afin de rendre un jour bon compte de nostre administration temporelle aussi bien que de la spirituelle, et de pourvoir à nos besoins, à ceux de nostre famille et des pauvres.

5. Après ces principales occupations quand il reste du temps, il faut faire quelque ouvrage pour fuir la paresse et l'oisiveté, qui sont les sources de la pluspart des pechés[2].

6. Je ne mets pas au rang de l'oisiveté certaines visites qu'on est obligé de faire par quelque devoir[3], ni le temps raisonnable

---

[1] Influence de s. Vincent de Paul qui prêchait l'évangélisation des pauvres, cf. *Correspondance, entretiens, documents*, t. XII, lettre datée du 14 févr. 1659, p. 114-29: «les instruire (=les pauvres des champs) des vertus chrétiennes, les exhorter à une bonne vie, les aider à faire une bonne confession générale, et le reste». Cf. aussi Bossuet, *Sermon sur l'éminente dignité des pauvres*, prêché à Paris en 1659.

[2] Ecq 33, 28. Constante du discours éthico-religieux, cf. entre autres Louis de Grenade, p. 79, n. 1; Coustel, *Les regles de l'éducation des enfans*, t. I, Part. II, p. 269: la paresse est «un vice entierement opposé à l'esprit du Christianisme»; sur l'oisiveté, voir aussi t. II, Part. IV, ch. 7. Comme remède à l'oisiveté, F. de Sales (*Introduction*, Part. III, ch. 35) propose «l'utile diligence» de la bonne ménagère, toujours occupée à quelques petites tâches et au soin de la famille (Pr 39, 19).

[3] Notion reprise dans *Reglement* II, 35. Voir aussi A. de Courtin, *Nouveau traité de la civilité*, ch. XII, *Ce qui se doit pratiquer, lors qu'une personne de qualité nous rend visite, & quand nous devons visiter*, p. 136-37: »... pour une personne qui d'une part pense à bien employer le temps, & de l'autre à garder la bien-seance, on peut l'avertir qu'il y a des occasions, où ce seroit blesser la civilité, que de manquer à faire visite à des personnes à qui nous voulons témoigner du respect où de l'amitié. Par exemple, il faut visiter un grand, de temps

qu'on prend pour se divertir à quelque chose d'innocent; car nous devons satisfaire raisonnablement le prochain, et donner à nos corps et à nos esprits le repos et le rafraichissement qui leur sont necessaires après le travail[1], prenant bien garde de n'y pas employer la plus grande partie de nostre temps, puisque nous ne serons pas moins responsables de l'oisiveté de nos actions que de celle de nos paroles.

7. Et je ne croy pas qu'il soit besoin de vous representer la folie de ceux qui disent qu'il faut bien jouer ou prendre d'autres divertissemens pour passer le temps et pour fuir l'oisiveté. Car vous avez, Dieu mercy, assez de sens pour voir que le temps estant fort court, et le jeu n'en estant pas un digne employ, cette maxime, Qu'il faut bien se divertir, ne peut estre qu'une précaution du demon, pour empescher l'ennuy de l'oisiveté, qui pourroit à la fin dégoûter de la vie faineante.

8. Il ne faut pas aussi employer trop de temps à dormir[2] et à s'habiller.

9. J'essayeray dans la suite de cette petite instruction, de vous dire en détail les choses ausquelles vous devez faire une attention particuliere pour fuir l'oisiveté, et pour vous acquiter du travail où Dieu vous a engagée.

---

en temps, pour sçavoir l'estat de sa santé, & nous rafraischir dans ses bonnes graces; & en general toutes les fois qu'il arrive occasion de prendre part à sa joye, où à sa tristesse, pour ce qui luy est survenu de bien, ou de mal: quand particulierement nous sommes persuadez, que cette personne le prend en bonne part»; et le P. Surin, *Guide spirituel pour la perfection*, Part. V, ch. 3, p. 215-18.

1 Cf. F. de Sales, *Introduction*, Part. III, ch. 31, p. 245-46: «Ne t'estonne pas donq, repliqua l'Apostre [Jean], si je me demetz quelque peu de la rigueur et attention de mon esprit pour prendre un peu de recreation, affin de m'employer par apres plus vivement a la contemplation».

2 Pr 20, 13; cf. *Reglement* II, 1; Coustel, *Les regles de l'éducation des enfans*, t. I, Part. II, p. 313.

ARTICLE II

Du Plaisir, et du Repos

1. Pour estre persuadée que tout le plaisir et le repos ne se doit prendre que pour relascher l'esprit et le corps, afin de les rendre plus propres à souffrir les peines que l'on est obligé de prendre pour son salut, vous considererez, ma chere Fille, qu'aussitôt après ce premier peché commis en Adam, nous avons esté non seulement condamnés au travail et à la mort, mais encore bannis et chassés du lieu de repos et de delices, et que depuis ce temps là , on ne les doit plus chercher en ce monde.

2. Cet article de nostre condamnation est encore executé de la part de Dieu, qui a toûjours meslé depuis l'amertume à tous les plaisirs du monde, où il nous a relegués, et qui n'y a laissé la beauté qui y reste encore, que pour faire juger aux hommes ce que c'est que le bien épuré de tous les maux, et pour nous y faire tendre.

3. Nous sommes donc obligés de nostre part à suivre son dessein, ne regardant les plaisirs du monde present, que pour nous faire desirer ceux de l'autre[1]. Et cela estant nous ne nous livrerons point à eux comme à la fin de nos actions, et nous en ferons un usage proportionné au desir que nous aurons d'acquerir le souverain bien que nous attendons en l'autre vie.

4. Ainsi nous ne prendrons jamais de plaisirs criminels, et nous userons fort moderément de ceux qui sont innocens soit pour le temps, soit pour l'épanchement de nos coeurs. Et une des plus seures regles, ce me semble, pour distinguer ceux qui sont permis d'avec ceux qui ne le sont pas, après celles que nous pourrons demander à un habile et vertueux Confesseur, est de se mettre

---

1 Constante de la prédication dominicale, cf. entre autres Jean Daille, *Vint sermons* (1658), «Pour le jour de l'an», p. 1-39.

devant Dieu, et de voir si on les luy peut offrir comme des actions bonnes, ou indifferentes. Car assurément quand on est Chrestien, on sent un reproche interieur, qui fait trouver cette offrande indigne de luy si elle l'est en effet, et l'on se sentiroit criminel de passer outre. Et dans cette nature de plaisirs l'on y trouveroit assurément les bals[1], les comedies[2], les balets, les assemblées de vanité, les

[1] François de Sales range les danses, les jeux de dés et de cartes parmi les «recreations dangereuses ... simplement et naturellement mauvaises et blasmables» (*Introduction*, Part. III, ch. 32, p. 247; ch. 33, p. 248). Et celui-ci de préciser au chapitre qui suit: «Pour joüer et danser loysiblement, il faut que ce soit par recreation et non par affection» (p. 251). Dans son *Testament*, Fortin exprime à peu près les mêmes idées à propos des jeux, cf. Part. II, ch. 31, p. 225-28: «Quoy que les eschets ayent quelque chose d'ingenieux ... ils font une trop grande abstraction de nous à eux ... la victoire est vaine au vainqueur & chagrine au vaincu, & ... ceste occupation est resveuse». C'est encore une fois l'excès, l'empressement, la passion qui concerne le moraliste: «opposé, au jeu de dez, les cartes & le tric-trac ont quelque chose de plus moderé». Vis-à-vis de la danse, celui-ci ne se montre guère libéral, cf. Part. II, ch. 8, p. 96: «La femme n'en doit pas sçavoir plus que la pudeur ne le permet, ny l'homme au delà de la bien-seance de sa condition, de peur qu'il ne transfere à ses pieds le soin qu'il doit avoir à sa teste. Il faut apprendre à dancer, pour satisfaire avec quelque ordre aux impulsions du sang & des esprits qui se remuënt dans un jeune corps: mais tout aussi-tost que le calme se fait dans nos veines & dans nos arteres, il faut renoncer au bal». Coustel insiste sur la nécessité de l'exercice physique et encourage donc tout divertissement (danse, jeu de paume, armes, chasse) qui contribue à fortifier le corps et «à luy donner bon air» (*Les regles de l'éducation des enfans*, t. I, Part. II, p. 255).

[2] Un sujet fort débattu à l'époque. Dans les comédies, «l'on ne se propose que la satisfaction des sens», dit Coustel dans *Les regles de l'éducation des enfans* (t. I, Part. IV, ch. 9, p. 363). «Les Chrétiens ne doivent pas aimer un divertissement, dont ils sçavent que le diable est l'inventeur» (p. 375). «Il est bien difficile à croire que des Comediens soient des gens propres à faire des leçons de morale aux autres, & qu'ils ayent le moindre desir de les rendre meilleurs qu'ils ne sont» (p. 389). Après avoir repris un par un tous les arguments de ceux qui défendent la comédie, il remarque que si François de Sales ne blâme pas la comédie dans sa *Philothée*, il exhorte ceux qui s'y rendent «de se remplir l'esprit de pieuses considerations qui puissent leur servir comme d'antidotes & de preservatifs contre le venin des Comedies» (p. 386). Selon le R. P. Jouvency (*De ratione discendi et docendi*, p. 56 et 86), «on doit en user rarement et avec prudence dans des écoles chrétiennes et religieuses, à cause des bouffonneries propres à ce genre de poesie; bouffonneries qui sont en désaccord avec une éducation pieuse, liberale, et ne pouvant que dépraver le naturel des enfans». Les

parures[1], les promenades qui se font pour voir et pour estre vuë, et les jeux immodérés où l'on emploie du temps et des sommes considerables[2], quand même l'on n'en seroit point instruit d'ailleurs.

---

comédies, poursuit-il, ne devraient avoir d'autre fonction que celle de «faire la critique et satire de certains vices, faire l'éloge des préceptes des sages, et exciter la piété ... qu'elles respirent la piété, qu'elles soient tirées plutôt de l'antiquité sacrée que de l'antiquité profane». Voir encore Sacy, *Homelies ou sermons*, t. I, ch. 2, p. 133-44, serm. VI, exh. «Combien il faut fuir les divertissemens & les spectacles»; et le P. Surin, *Guide spirituel pour la perfection*, Part. V, ch. 4, p. 219-22.

Sans doute Corneille n'ignorait-il pas la méfiance de Mme de Liancourt vis-à-vis du théâtre. C'est peut-être la raison pour laquelle il tente de se justifier lorsqu'il lui dédie *La galerie du Palais* (1634): «Je vous demande pardon si je vous fais un si mauvais présent; non pas que j'aie si mauvaise opinion de cette pièce, que je veuille condamner les applaudissements qu'elle a reçus, mais parce que je ne croirai jamais qu'un ouvrage de cette nature soit digne de vous être presenté. Aussi vous supplierai-je très humblement de ne prendre pas tant garde à la qualité de la chose, qu'au pouvoir de celui dont elle part: c'est tout ce que peut vous offrir un homme de ma sorte; et Dieu ne m'ayant pas fait naître assez considérable pour être utile à votre service, je me tiendrai récompensé d'ailleurs si je puis contribuer en quelque façon à vos divertissements ...» (Théatre complet, vol. I, p. 321). Quatre ans auparavant, Corneille avait dédié *Mélite* à M. de Liancourt.

1 Car l'engouement pour le vêtement est attribué en premier lieu à l'orgueil, cf. 1 Tm 2, 9; François de Sales, *Introduction*, Part. III, ch. 25, p. 226: »... gardés-vous bien des affaiteries, vanités, curiosités et folastreries. Tenes-vous tous-jours, tant qu'il vous sera possible, du costé de la simplicité et modestie, qui est sans doute le plus grand ornement de la beauté et la meilleure excuse pour la laideur»; J.-P. Camus, *Homélie des désordres*, art. 201, in *Homélies des Etats-Généraux*, p. 330: «Se friser, se goderonner, se tirer, se guinder, se poudrer, honteux artifices de femmes ... Quelle vanité de surencherir son estime par des frizeries de chevaux panadans, des habits de nouvelle impression, des modes fantasques, des esgrettes empanachees, des plumets voltigeans au gré de l'air ...» Cf. aussi la kyrielle de libelles grondeurs qui paraissent alors, Pierre Juvernay, *Discours particulier contre les femmes debraillées de ce temps* (1635); Timothée Philalèthe, *De la modestie des habits des filles et des femmes chrestiennes* (1675); le P. Pipet, *Instructions chrestiennes touchant le luxe et la vanité des femmes* (1678), etc. Aux théologiens se joignent les femmes Réformées telles cette Marie de Brabant qui, dans la *Chanson aux Bonbancières* (in *Annonce de l'esprit et de l'âme fidele*, 1602), réagit très vivement à la vanité de la femme, cause de la perdition de son corps et de son âme. Sur l'importance de la mode au XVIIe siècle, voir Françoise Waquet, «La mode au XVIIe siècle: de la folie à l'usage».

2 Passetemps condamnables selon François de Sales (cf. ch. 32) tandis que «les eschecz» et «les tables» ne le sont pas: «[i]l se faut seulement garder de

5. Et si, ma Fille, vous trouvez cet article rude, ou par l'inclination contraire qui vous en peut venir, ou par la necessité qu'on vous inspirera de suivre la coutume du monde, lisez l'Evangile pour voir si l'exemple et l'instruction de JESUS-CHRIST, sont conformes à ce que je dis ou non, et informez vous de l'explication que l'Eglise et les Peres y ont toûjours donnée.

6. Car j'ay appris que vous y trouverez encore que les plaisirs les plus innocens ne doivent même estre accordés qu'aux innocens, c'est-à -dire à ceux que Dieu a preservés de ce qu'on appelle crime; de sorte que les autres n'en devroient jamais prendre, même pour le soulagement de leurs peines et de leurs maux, qu'avec beaucoup de crainte et d'humilité[1].

---

l'excès, soit au tems que l'on employe soit au prix que l'on y met» (ch. 31, p. 246). Dans son *Nouveau traité de la civilité* (ch. XIII, p. 137), Courtin préconise *Ce qu'il faut observer dans le jeu*: «Que s'il se rencontre qu'une personne de qualité nous oblige de joüer avec elle, ce qu'il ne faut jamais entreprendre qu'aprés qu'elle nous la commandé; il ne faut point témoigner d'empressement dans le jeu, n'y d'envie de gagner; cela marque la petitesse de l'esprit & de la condition».

1 Les divertissements les plus innocents, note le P. Surin dans son *Guide spirituel pour la perfection*, Part. V, ch. 4, p. 220, doivent être toujours accompagnés de quelque fin et profit spirituels: «La personne désireuse de bien faire, quand elle sera en besoin de se divertir, tâchera de prendre les choses qui servent naturellement à cela en telle manière que cela soit accompagné de quelque bonne oeuvre qui ne soit point incompatible avec son relâche et qui puisse servir de but à son dessein et de rassasiement à la soif ou désir qu'elle a de rencontrer Dieu en tout».

ARTICLE III

De l'Usage du Bien

1. Nostre naissance et nostre mort denuées de toutes choses nous doivent bien faire considerer, ma chere Fille, que nous n'avons pas plus de droit naturellement aux biens de la terre que les plus pauvres, et que même ceux qui la cultivent, auroient plus de raison d'y pretendre que nous. Ainsi quand la providence de Dieu en ordonne autrement, donnant beaucoup aux uns et peu aux autres[1], on doit savoir que c'est pour sanctifier les riches, en distribuant aux pauvres les biens qui leur sont confiés, comme à de fidelles economes de la famille de Dieu[2], et les pauvres en s'humiliant sous leur authorité, et les regardant comme des gens destinés de luy[3], pour leur dispenser ses dons selon l'ordre de sa

1 1 Sm 2, 7; cf. Sacy, *Homelies ou sermons*, t. III, ch. 24, p. 417-27, serm. LXXV, exh. «Pourquoy Dieu permet qu'il y en ait qui soient riches & les autres pauvres. Que les riches qui ne se servent pas de leurs richesses selon les regles de Dieu, seront bien punis un jour»; cf. aussi p. 443-52, serm. LXXVI, exh. «Contre les riches qui ne veulent pas mettre leurs biens en dépost entre les mains de Dieu»; et serm. LXXVII, exh. «Contre les riches qui ne font point part de leurs biens aux pauvres. Qu'ils doivent se considerer comme les dispensateurs de leurs richesses, & non comme en estant les proprietaires ...»

2 1 Tm 6, 17-19. Cf. Coustel, *Les regles de l'éducation des enfans*, t. I, Part. II, p. 391: «L'usage [des biens] se réduit au simple necessaire, selon leur [=les Grands] état: car ils n'en sont que les usufruitiers, & ils en rendront bien-tost à Dieu un compte exact ... Il est autant impossible, que des personnes riches se sauvent sans donner l'aumosne, comme il est impossible qu'ils se sauvent sans aimer Dieu»; F. de Sales, *Introduction*, Part. III, ch. 15, p. 190: »... les possessions que nous avons ne sont pas nostres: Dieu les a donnees a cultiver et veut que nous les rendions fructueuses et utiles, et partant nous luy faisons service aggreable d'en avoir soin ... Quittes donq tous-jours quelque partie de vos moyens en les donnant aux pauvres de bon coeur».

3 L'Evangile ne dit-elle pas que ce sont les pauvres qui sont *destinés de Dieu* (Ja 2, 5)? Une idée fréquemment reprise par M. Vincent, cf.

providence, aussi bien que pour les regler, pour les proteger et pour les conduire.

2. Cela estant très vray, ma Fille, et en estant persuadée, vous jugerez aisément que le bien que nous possedons, n'est pas pour nous seuls, puisque nous devons un jour en rendre compte à celuy qui nous l'a confié, comme il paroist par le jugement qu'il prononcera au dernier jour contre les reprouvés, où il taira les autres causes de leur condamnation, pour leur reprocher l'abus des richesses aussi bien que leur dureté[1], qui sont la cause de presque tous les pechés des riches[2].

3. Si le reste du bien necessaire à nostre condition, est par l'ordre de Dieu donné pour les pauvres[3], ce que nous avons pardessus le simple necessaire de nostre personne, est encore plus acquis à ceux de qui nous retiendrions le bien contre leur gré, soit creanciers, ouvriers, artisans ou domestiques: et en ce cas il faut vendre son fonds pour acquitter les dettes de cette nature dont on

---

Correspondance, entretiens, documents, t.IX, lettre datée du 25 janv. 1643, p. 79-94: «O mes filles, avez-vous jamais ouï dire que Dieu ait choisi les pauvres pour les faire riches en foi». Cf. aussi Courtin, *Nouveau traité de la civilité*, ch. XVIII, p. 220, dans lequel l'auteur prétend avertir les jeunes Seigneurs «que s'ils n'estoient pas assez raisonnables pour voir que les petits & les pauvres, sont hommes comme eux, qu'ils ont souvent autant & quelquefois plus de merite qu'eux: ou s'ils n'avoient pas assez de charité Chrestienne pour honnorer en leurs personnes l'image de Dieu, & pour les regarder comme ayant Dieu pour Pere aussi bien qu'eux; comme ayant esté rachetez par Jesus-Christ du même sang qu'eux, & comme ayant ce privilege par dessus eux qu'il a voulu sanctifier la pauvreté en se faisant pauvre luy-même, ils doivent du moins pour leur propre interest estre bons, par exemple, à leurs domestiques, & civils & honnestes à l'égard de ceux qui ne sont point dans leur dependance».

1 Lc 16, 19-31; cf. Fortin, *Testament*, Part. II, ch. 3, p. 67: «Ainsi l'homme riche est comptable de tout ce qu'il possede. S'il en abuse, il est aussi-bien puny pour avoir inconsiderément dissipé. La pauvreté qu'on se propose d'éviter, est le chastiment de l'avare comme du prodigue; l'un la souffre desja par son espargne, l'autre s'y achemine par sa profusion»; Sacy, *Homelies ou sermons*, dans lequel on trouve plusieurs sermons sur l'avarice, i.e. t. I, serm. IX; t. III, serm. LXIX, LXXXI, etc.

2 Cf. Ec 5, 11-13; Ecq 31, 1-6; 1 Tm 6, 9-10, etc.

3 Sur le devoir de restitution, cf. le P. Chevassu, *Missionnaire paroissial*, t. II, p. 281.

est chargé, se reduire à diminuer le necessaire de sa condition[1], jusqu'à ce qu'on ait assez de reste de son revenu pour les satisfaire. Mais comme le peu de fonds que vous vous reserverez pour vostre dépense particuliere ne pourroit rien acquiter pour le reste de la maison, vous prendrez seulement garde à suivre ces regles pour vous, si vous n'avez point de part à la conduitte de tout le bien, et vous vous reduirez plutôt à n'avoir que très peu d'habits et de très simples[2], et à vous priver de toute autre chose[3], que d'attirer la colere de Dieu par une aussi grande faute qu'est celle de retenir le bien d'autruy injustement[4].

4. Pour plaire donc à Dieu en evitant ces injustices, et pour estre en état de luy pouvoir un jour rendre compte de son bien, il faut conserver celuy que l'on possede avec plus de soin que l'on ne feroit, s'il estoit abbandonné à nostre volonté et à nostre plaisir. Mais si c'est seulement pour ces raisons, ce soin sera tranquille, et l'on ne s'affligera pas beaucoup des mauvais evenemens qui en suivront, puis qu'ils n'arrivent que par la volonté de celuy à qui nos biens appartiennent veritablement, et qui a seul droit d'en disposer.

5. Ainsi l'on en prendra librement pour son usage et celuy de sa famille selon la necessité de sa condition, sans étendre neanmoins cette mesure selon l'exemple des plus curieux et des plus vains, mais au contraire en se reglant sur celui des plus moderés du même rang, pour faire encore un peu moins; et cette

---

1 Cf. Rm 13, 8.

2 Cf. Coustel, *Les regles de l'éducation des enfans*, t. I, Part. II, p. 317; Sacy, *Homelies ou sermons*, t. III, ch. 28, serm. LXXXIX, exh. «Contre le luxe & la vanité des femmes».

3 Cf. Coustel, *Les regles de l'éducation des enfans*, t. I, Part. II, p. 392: «Il faut toûjours proportionner sa dépense à ses biens. L'on est riche, non pas quand l'on a de grands revenus; mais quand on retranche tout luxe inutile, & toute dépense superfluë»; Fortin, *Testament*, Part. II, ch. 13, p. 69sq; *Les regles de la sagesse* ..., regle XV, p. 151: «C'est une grande richesse que la pieté & la moderation d'un esprit qui sçait se contenter du necessaire».

4 Le 7ème commandement: «le bien d'autrui tu ne prendras et ne retiendras injustement». Cf. s. Vincent de Paul, 20ème sermon, *Des commandements de Dieu*, in *Sermons*, p. 396sq.

regle se doit suivre dans le train, dans la table, dans les habits, dans les meubles et tout ce qui sert à nostre usage, en evitant d'acheter ces marchandises que la nouveauté et la rareté rend si cheres, et que peu de jours remettent à un prix raisonnable[1]. Et pour se resoudre plus aisément à cette moderation, il faut avoir ces choses dans l'esprit: Que la modestie qui ne vient point d'avarice est approuvée de tout le monde; qu'elle sert à nous exemter de la haine et de l'envie des personnes de nostre condition qui n'en pourroient avoir autant que nous[2]; que des choses superflues ne nous donnent ni plus de merite ni plus d'approbation; et que Dieu qui ne nous donne sur le bien dont nous jouïssons que le simple usage du veritable necessaire de nostre condition, nous demandera compte du superflu, comme estant ce qu'il avoit destiné pour les pauvres.

---

[1] Jusqu'à la fin de sa vie, le château de Liancourt fut pour Jeanne de Schomberg un sujet d'affliction. Mais l'amitié qu'elle portait à son mari était telle qu'elle n'avait pas hésité à mettre en danger le salut de son âme pour sauver celle de M. de Liancourt.

[2] Cf. Jean Chrysostome, *Sur la vaine gloire et l'éducation des enfants*, ch. XIII, p. 93: «si tu crains l'envie, il est bon de ne rien posséder du tout».

ARTICLE IV

Des devoirs d'une Femme envers son Mary

1. Si vous considerez, ma chere Fille, à quelles conditions le mariage a esté établi dès le commencement du monde, ce qui en est dit dans L'Evangile[1], comment S. Paul s'en est expliqué[2], et toutes les paroles que l'Eglise emploie pour en instruire les fidelles en conferant ce Sacrement, vous verrez que c'est un grand mystere qui represente l'union de JESUS-CHRIST avec l'Eglise[3], pour faire naître et pour elever des enfans d'adoption qui puissent posseder le royaume du ciel.

2. Vous apprendrez par là le devoir des femmes envers leurs maris[4], l'amitié qu'elles doivent avoir pour eux[5], la foy qu'elles leur doivent garder, la societé qu'elles sont obligées d'avoir avec eux, la dépendance où elles doivent estre de leurs volontés[6], quand elles ne sont point contre celle de Dieu, et les

---

1 Gn 2, 22-24; Mt 19, 5-6; Mc 10, 7-9; Ep 5, 31.

2 1 Cor 7, 1-3.

3 Ep 5, 32. Sur le mariage «*sacramentum magnum*», cf. Jean-Pierre Camus, *Homélies dominicales*, p. 65sq; le P. Surin, *Guide spirituel pour la dévotion*, Part. V, ch. 8, p. 230-32; Nicolas Turbot, *Thrésor de la Doctrine chrétienne*, p. 395, etc. On lira avec profit les commentaires de Ian Maclean, *Woman Triumphant*, p. 88-118 et ceux de Charles B. Paris, *Marriage in XVIIth-Century Catholicism*, p. 41-67.

4 1 Cor 7, 3; Louis de Grenade, *Le vray chemin*, f° 447 b passim: «Quant aux mariez, ils pourront considerer s'ils rendent reciproquement l'un à l'autre le deu de mariage ...»; Coustel, *Les regles de l'éducation des enfans*, t. II, Part. IV, ch. 9, p. 414-28, *Du mariage chrétien*; Fortin, *Testament*, Part. III, ch. 2, *Des devoirs respectifs de la femme et du mari.*

5 Ti 2, 4.

6 Ep 5, 22; Col 3, 18, etc.

offices qu'elles leur doivent rendre en tous les temps et tous les états de leur vie et pour leur ame et pour leur corps[1].

3. Je connois l'inclination que vous avez à vous acquitter de tous ces devoirs, mais je prétens aussi vous avertir seulement d'ajoûter ces motifs chrestiens à vostre pente naturelle, afin que vostre amitié en soit plus solide, et qu'elle merite d'estre recompensée de celle de Dieu. Mais, pour venir au détail de quelques petites observations que j'ay faites sur ce qui aide à s'acquitter de tous ces devoirs, et à maintenir l'amitié et la confiance entre les gens mariés, je vous diray que rien n'y peut contribuër davantage que ce que je vais vous marquer.

1. Qu'il ne faut jamais que la tendresse que l'on a l'un pour l'autre, ni la confiance, ni la liberté fassent oublier le respect qu'on doit aux maris principalement devant le monde, ni s'attribuër une autorité qui rabaisse la leur, ou qui mette celle des femmes en comparaison. Car il est bon que l'on voye qu'une honneste-femme a du credit auprès de son mari, mais jamais une autorité imperieuse sur luy[2].

2. Qu'il ne faut point avoir de societé particuliere, ni faire des parties de divertissement avec des femmes pour qui des maris ayent aversion, ou qu'ils soupçonnent de ne les aimer pas, quoiqu'elles paroissent estre vertueuses.

3. Il est necessaire de témoigner aux maris beaucoup de confiance, et de leur faire voir qu'on n'a point d'intrigues

---

1 Cf. 1 Cor 7, 5; F. de Sales, *Introduction*, Part. III, ch. 39, p. 269-73. Un idéal que les femmes semblent avoir intériorisé, comme on voit déjà chez Christine de Pisan, *Livre des trois Vertus*, Part. I, ch. 13, p. 53: »... demonstrera l'amour en ce que elle sera soigneuse et curieuse de toutes les choses qui pourroyent apertenir au bien de sa personne, tant a l'ame comme au corps».

2 On sait le traitement que reçut une bourgeoise pour avoir osé «répondre» à son mari «devant la gent»: «son seigneur, qui fut yrié, haulça le poing et l'abbati à terre, et oultre la fery du pié au visaige et luy rompit le nez». La morale de l'histoire est que la dame en perdit sa beauté: «si en fu toute sa vie deffaite, et ainsy par son ennuy et par sa riote elle ot le nez tort» (*Livre du Chevalier de La Tour Landry pour l'enseignement de ses filles*, «Cy parle de la bourgeoise qui se fist ferir par son oultraige», p. 40). L'auteur n'émet pas un mot de blâme pour la brute de mari.

particulieres[1]. Pour cela il ne faut s'entretenir en secret avec personne devant eux s'il se peut, sans qu'ils en soient, ou sans leur en pouvoir rendre compte après.

Ce n'est pas que l'on ne doive leur celer beaucoup de choses. 1. Le secret que l'on doit à autruy. 2. Ce qui les peut fâcher ou faire emporter, pourvû qu'en leur taisant ces sortes de choses qui les touchent, l'on y donne ordre avec l'avis de gens capables, et qu'ils consulteroient eux mêmes en de pareilles occasions s'ils en estoient avertis.

4. Il leur faut donner tout l'avantage des choses qui réüssissent bien, et des autres en prendre la faute sur soy, autant qu'il sera possible.

5. Il les faut avertir doucement en particulier des fautes qu'ils font contre Dieu, contre le prochain, ou contre eux mêmes[2]; mais il ne faut pas le faire dans le mouvement de leur passion, ni devant le monde; et s'ils resolvent quelque chose de mal dans ce trouble, il faut seulement en retarder l'execution par toutes les voies que la prudence suggerera, jusqu'à ce que l'on ait trouvé l'occasion de leur faire entendre ses raisons, ou que l'on ait fait venir des gens propres à les appaiser et à fortifier le bon avis.

6. Jamais il ne faut faire de distinction de ses gens d'avec ceux de son mary[3], ni souffrir que les gens en fassent eux mêmes, pour ne servir pas également l'un et l'autre dans le besoin, ou pour se cantonner entre eux.

---

[1] A en juger par les textes féminins qui précèdent celui-ci, le point de vue féminin ne change guère à travers les siècles, voir par exemple Christine de Pisan, *Livre des trois Vertus*, Part. I, ch. 13, p. 56-7.

[2] Ga 6, 1. Une constante dans la littérature didactique féminine, cf. Christine de Pisan, *Livre des trois Vertus*, Part. I, ch. 13, p. 55-56; Anne de France, *Enseignemens*, ch. 28, p. 125: «Aussi est-ce ung des plus grans signes d'amour qu'on puisse monstrer à autruy, que doulcement le reprendre de ses fautes».

[3] Autre constante dans les textes féminins, voir à titre d'exemple le *Livre des trois Vertus*, Part. I, ch. 14, p. 57: «elle aimera et honnourera les parens de son seigneur ... elle leur fera honneur et tres bonne chiere ... devant les gens meilleur que aux siens propres».

7. Si le mari affectionne des gens qui nuisent à son bien temporel ou spirituel, il ne faut pas commencer par choquer de paroles ou de mine ces domestiques là , mais épier leur conduitte, en avertir leur maître en particulier, et les faire connoître à ceux qui ont credit auprès de luy, afin qu'ils aident à l'en défaire; et s'il ne peut s'y résoudre, recommander cela à Dieu, et avoir patience.

8. Il faut encore que la femme fasse de son côté tout ce qu'elle pourra, pour qu'il ne se mette personne entre son mari et elle, pour attirer sa confiance à son exclusion; et cela ne sera pas si elle luy garde le secret, si elle essaye de luy complaire en tout ce qui n'est pas mauvais, si elle le conseille prudemment et sans passion, si elle reçoit avec douceur l'aveu des fautes qu'il fera contre elle même, essayant seulement de le porter par toutes les voies raisonnables à n'y retourner plus.

9. Ce n'est pas une bonne methode, à mon avis, de paroître ignorante ou indifferente sur ces choses là ; car cela sembleroit venir de peu d'esprit, ou de peu d'amitié, ou de quelque attache ailleurs: mais quand la tristesse que l'on en peut avoir est douce et sans murmure ni chez soy ni ailleurs, il n'est point mauvais qu'un mari voie qu'on est aussi sensible que patiente là dessus[1]; mais il ne faut pas que cela aille jusqu'à la froideur, et encore moins jusqu'à l'aigreur des reproches.

10. S'il a des amis qui ne puissent estre soupçonnés de galanterie, rendez vous assez libre avec eux pour qu'ils reconnoissent vostre conduite et vos bonnes intentions. S'ils sont à soupçonner n'ayez aucune familiarité avec eux; mais traittez les fort honnestement, et leur faites paroître de l'estime, sans les entretenir qu'avec vôtre mari, et encore le moins qu'il se pourra.

Croyez, ma chere Fille, que tous ceux qui vous conseilleront autrement que je fais en tout cecy, n'ont ni prudence ni experience,

---

1 Sur la vertu de patience, cf. Ep 4, 2; Col 3, 13; F. de Sales, *Introduction*, Part. I, ch. 3, p. 142-45: «Ne bornés point vostre patience a telle ou telle sorte d'injures et d'afflictions, mais estendes-la universellement a toutes celles que Dieu vous envoyera et permettra vous arriver ... Plaignes vous le moins que vous pourres des tortz qui vous seront faitz».

et qu'ils se fondent sur leur caprice et sur des lieux communs et des proverbes qui sont aussi badins que faux; ou bien ils fondent leurs avis sur la sottise, ou sur la brutalité de quelques maris qui sont incapables de raison, et qui ont besoin pour leur bien que leurs femmes prennent un empire sur eux, que ni Dieu ni la nature ne leur donneroient point sans cela.

Mais encore que les femmes doivent avoir tous ces égards pour leurs maris, il ne faut pas qu'elles se relaschent envers eux, non seulement dans les choses où Dieu seroit offensé directement ou indirectement, mais aussi en ce qui attireroit la ruine de leur famille, comme de signer à des ventes ou à des achats déraisonnables, quand elles les connoissent tels selon l'avis de gens capables et vertueux, ni à des dettes où ils s'engagent pour leurs plaisirs, ou pour leur vanité. Car quand ils auront[1] consumé leur bien, ils seront bien heureux de vivre de celuy de leurs femmes, et d'y trouver de quoy faire subsister leurs enfans. Souvenez vous donc que vous devez cette justice à vous même, à vostre mari, et à vos enfans, de conserver vostre bien, et de ne le point engager par des complaisances ou des esperances vaines.

---

1 Correction pour aurons.

ARTICLE V

De la conduite qu'une Femme doit tenir dans le monde

1. Nous sommes dès nostre naissance si foibles et si enclins au mal, que nous devons avoir une attention continuelle à éviter les occasions qui nous y peuvent porter, et à tirer de bons effets de cette mauvaise cause.

2. Pour cela il faut regarder souvent devant Dieu le fond de nostre misere, pour connoistre les sources de nos pechés et de nos imperfections[1]; afin de luy demander, qu'il nous en delivre[2], et de travailler avec luy plus soigneusement pour cela que pour toutes les choses du monde les plus importantes.

3. Ensuitte, ma chere Fille, il faut garder les dehors, empêchant que vos sens ne se mettent de la partie de vos ennemis interieurs avec le demon[3], qui se sert de tous les objets pour ruiner nos bonnes resolutions.

4. Il vous presentera peut-estre des amies qui auront l'esprit et le corps agreable, et le procedé sage en apparence, qui vous traitteront avec une douceur et une complaisance capable de s'insinuer dans vostre coeur, qui vous témoigneront de la confiance jusqu'à vous ouvrir le leur, vous parlant de quelque desordre de leur ménage; mais prenez garde enfin qu'elles ne vous content leurs

---

[1] Sur cet examen de conscience avant d'aller se coucher, cf. F. de Sales, *Introduction*, Part. II, ch. 11; s. Vincent de Paul, 4ème et 5ème sermons, in *Sermons,* p. 99-100: «examinons nos consciences sur toutes nos pensées, sur nos paroles, sur nos actions criminelles, sur toutes les circonstances, sur les causes, sur les effets, sur le nombre de nos péchés ...»

[2] Rm 8, 37; 1 Cor 15, 57; s. Augustin, *La Cité de Dieu*, Livre XXII, ch. 22 et 23.

[3] F. de Sales s'étend tout spécialement sur l'emprise des sens et la lutte contre les tentations, cf. *Introduction*, Part. III, ch. 38 et 39; Part. IV, ch. 4, 5, 6.

inclinations, et celles que des gens passionnés ont pour elles[1]. Car elles ne vous diront pas ce qui vous pourroit faire horreur, mais seulement ce qu'elles croiront qu'il faut pour faire voir des passions fortes, mais honnêtes et cachées, afin que vous les plaigniez de leurs souffrances, et que vous louïez leur retenuë de n'aller pas plus loin, et elles ne tarderoient gueres après de vous faire la guerre de quelque passionné pour vous qu'elles auroient découvert, pour voir si vous entendriez raillerie là dessus, et si elles auroient lieu de s'engager ainsi à quelque bon office à leur mode et à la pareille. Mais si cela arrive, rompez doucement et promtement avec de telles amies, après leur avoir dit vostre avis du miserable état où elles sont; car il n'y a rien de plus dangereux que ces conversations pour de jeunes femmes.

5. Le demon vous presentera aussi des Romans qui auront de la vogue, et que vous verrez même lire et louer à des gens qui ont la reputation d'estre sages et vertueux selon le monde: mais il y a un venin dans ces sortes de livres, que l'on n'apperçoit que quand il a fait impression; et alors on se sent si froid pour la priere et pour la lecture spirituelle, et si fort en goust pour les folies du monde, que si Dieu ne fait une grace très particuliere, on demeure avec un coeur tout changé[2].

---

1 Cf. Coustel, *Les regles de l'éducation des enfans*, t. II, Part. IV, ch. 3, p. 338-40, *Qu'il faut les empescher de hanter les mauvaises compagnies*; Fortin, *Testament*, Part. III, ch. 8, *Des personnes à hanter ou à éviter*.

2 Cf. Fortin, *Testament*, Part. II, ch. 11, p. 23: «Il est tres-certain que la morale qui a fait en mon esprit sa première impression, a esté celle que j'ay leuë dans les Amadis, où j'ay veu le vice estre tousjours chastié, la vertu recompensée, la parole inviolable & la valeur estre au plus haut point où elle puisse aller: c'est pourquoy je ne puis vous en deffendre la lecture. Pour ce qui est de mes filles, elles s'en abstiendront si j'en suis creû, & de celle de tout autre Roman, de peur qu'elles n'y apprennent ce qu'il n'est pas à propos qu'elles sçachent. Selon mon sens, le Roman de tous le plus dangereux, & dont le venin est le plus insinuant & le plus subtil, est celuy de l'Astree, lequel ... allume secrettement dans les jeunes ames cette naturelle & douce passion ...»; Coustel, *Les regles de l'éducation des enfans*, t. II, Part. IV, ch. 5, p. 340-41: «Quoy que les Romans donnent du plaisir & de la satisfaction par les rares évenemens dont ils sont pleins, par les guerres, les combats, & les avantures qu'ils rapportent, & par les divers stratagemes qu'on y voit, il est bien vray neanmoins qu'on les peut appeller le poison de l'ame;

6. Le demon pourra aussi vous engager dans des parties de divertissemens dangereux avec des personnes si considerables, que vous aurez grande peine à vous en dégager, si vous ne cherchez par avance quelque excuse ou sur vos affaires, dont vous ne manquerez pas, si vous faites vostre devoir, ou sur vostre santé, ou sur quelque autre chose qui vous ôte la necessité d'en dire la plus forte raison. Ce que vous ne devriez pas neanmoins celer, si celles qui vous feront ces propositions, estoient en état d'en profiter; ou que vous fussiez dans un âge ou dans un rang qui vous donnassent autorité sur celles de la compagnie; car en ce cas il faut estre forte, et ne point rougir de l'Evangile. Mais quand même dans l'état où vous êtes des personnes plus considerables que vous se douteroient de la veritable raison qui vous oblige à ne les pas suivre en ces mauvais divertissemens, ne vous souciez pas qu'elles croyent que vostre Confesseur est trop severe. Car il n'est pas mauvais qu'elles pensent que vous auriez le même goust qu'elles, mais que la crainte d'offenser Dieu vous retient, afin qu'elles voyent qu'il n'est pas impossible de vaincre ces sortes d'inclinations; et pourvû que vostre refus soit doux et coloré sans entreprendre de blasmer ou de prescher les autres, cela ne vous nuira en rien, et peut-estre pourra servir à quelqu'une de la compagnie.

7. Pour éviter ce pieges et beaucoup d'autres, essayez à faire amitié avec des femmes fort solidement vertueuses, et même societé familiere quand vous les aurez bien connuës pour telles.

---

puisqu'ils luy font perdre la grace, qui est sa vie. Et en effet, c'est là, où s'enflamment les passions des jeunes gens; & c'est là où ils trouvent mille inventions pour gagner des serviteurs, pour tromper leurs parens, pour se défaire de ceux qui veillent sur leur conduite ...»; *Stances* tirées des *Veritez chrestiennes*, in *Recueil de poësies chrêtiennes et diverses*, p. 184, stances LXXXII, *Contre les Romans*:

> Enchanteurs des esprits qui par les fausses peines
> Que souffrent sans souffrir ces malheureux amans
> Qui ne furent jamais que dedans vos romans,
> Allumez un vray feu dans le fonds de nos veines.
> Plus vos discours trompeurs paroissent innocens,
> Plus leur poison penetre & leurs traits sont perçans
> Et moins l'esprit resiste à l'effort de leurs charmes.

Neanmoins si vostre mary n'agrée point de les voir chez vous, ne les y attirez pas, et vous contentez de les voir chez elles, pour vous fortifier dans leur conversation; ne faisant point même en ce cas de parties d'aller ensemble en de bonnes oeuvres, parceque cela les attireroit en familiarité chez vous aux heures particulieres.

8. Pour les autres femmes vaines du siecle qui vous visiteront, ne les voyez chez elles que fort rarement, et quand il leur arrivera quelque bien ou quelque mal extraordinaire. Car autrement elles vous embarqueront peu à peu à leurs parties de visites et de divertissemens, et dès lors on vous mettroit avec elles dans les médisances du monde.

9. Fuyez aussi la tentation de vous assujettir à voir souvent et familierement les grandes Princesses, pour estre plus en credit, et en plus grande consideration dans le monde. Car, outre la peine que vous auriez de les contredire dans les choses que vous jugeriez mauvaises, vous attireriez de l'envie; vous vous trouveriez quelquefois d'un parti et vostre mary de l'autre; vous auriez peine à refuser de les suivre par tout; et même après vous estre assujettie à les voir souvent, elles tiendroient vostre sujetion comme une chose deuë, et vous haïroient si vous manquiez de continuer à les voir et à leur complaire toûjours.

10. Ne souffrez point chez vous de visites d'hommes qui soient d'âge et de sorte à pouvoir estre suspects[1]; et s'il y en vient durant que vous n'aurez point d'autre compagnie, ne faites aucune difficulté de faire mettre vos chevaux au carrosse, et de les quitter en leur faisant excuse de ce que vous avez affaire à sortir; et s'ils se doutent pourquoy, il n'importe, pourvû que vous ne leur disiez rien qui le puisse faire connoistre.

11. Si vous avez d'autre compagnie, et que vous ne puissiez honnestement les quitter, traittez les civilement, mais avec une mine modeste et serieuse, et leur témoignez que vous croyez qu'ils estoient venus pour chercher vostre mary, et que vous luy direz la

[1] Parallèle avec *La Princesse de Clèves*, t. IV, p. 149. Mme de Clèves feint d'être malade lorsque le duc de Nemours vient lui rendre visite en l'absence de son mari.

peine qu'ils ont prise; et s'ils continuent, dites leur fort franchement, mais fort civilement, que vous ne recevez point de visites d'hommes chez vous.

12. Si vous remarquez aussi qu'ils viennent souvent voir vostre mari[1], et qu'ils ayent toujours des égards extraordinaires pour vous, ayez toûjours quelque chose à faire pour les quitter, sans faire connoistre que c'est à dessein[2]. Après, s'ils s'en doutent, il n'importe, pourvû que vous n'en fassiez nul semblant.

13. Et si vous remarquez que ces gens là vous cherchent ou chez la Reine ou ailleurs, ne faites jamais voir que vous vous en appercevez. Car ce seroit ce qu'ils desirent; mais essayez de parler à quelques femmes qui vous donnent sujet de ne vous tourner point de leur côté, et gardez que vos yeux ne s'y tournent aussi par aucune curiosité. Car ni eux ni la compagnie ne l'expliqueroient pas de cette sorte; et vous devez estre asseurée que si ces gens là ont de mauvais desseins pour vous, c'est principalement la vanité qui les leur donne; qu'ainsi leurs amis en sont instruits, et qu'ils croyent même qu'ils ne s'y embarquent pas sans avoir quelque esperance d'estre agréés; de sorte qu'ils vous observeront jusqu'à la moindre circonstance, pour l'expliquer à l'avantage du prétendant.

14. Enfin ayez tous ces égards le plus adroitement que vous pourrez, pour ne leur laisser pas croire que vous connoissez leur dessein. Mais s'ils en viennent jusqu'au point de vous le dire, faites connoistre vostre indignation, et l'affliction que vous auriez d'estre

---

1 Cf. F. de Sales, *Introduction*, Part. III, ch. 38, p. 265: «Mais vous, o femmes desquelles l'honneur est inseparablement conjoint avec la pudicité et honnesteté, conserves jalousement vostre gloire et ne permettes qu'aucune sorte de dissolution ternisse la blancheur de vostre reputation. Craignes toutes sortes d'attaques pour petites qu'elles soyent, ne permettes jamais aucune muguetterie autour de vous. Quiconque vient loüer vostre beauté et vostre grace vous doit estre suspect ... Mais si a vostre louange quelqu'un adjouste le mespris de vostre mari, il vous offense infiniment, car la chose est claire que non seulement il veut vous perdre, mais vous tient des-ja pour demi perdue».

2 Parallèle avec *La Princesse de Clèves*, t. II, p. 86. Lors de la maladie de M. de Clèves, la Princesse évite de rester dans la chambre de celui-ci lorsque M. de Nemours lui rend visite.

prise pour une coquette[1], et fuyez après fort visiblement la veuë et l'approche de ces gens là et de leurs associés, sans craindre qu'ils s'apperçoivent de vostre fuite: mais gardez bien de le dire à vostre mary pour en tirer quelque louange[2]. Car, outre qu'il pourroit croire que vous ne feriez que la moitié du conte, ce luy seroit un sujet de haine mortelle contre ces gens là , et même il pourroit croire que vous n'auriez pas esté éprouvée de cette sorte, si on eut eu sujet de douter de vous, quoique cela ne fut pas. N'en parlez même à personne si vous pouvez, et vous contentez de remercier Dieu de la force qu'il vous aura donnée, et d'examiner si vostre conduitte n'avoit point donné lieu à ces prétentions.

15. Ne croyez pas, ma chere Fille, que vous en soyez quitte pour vous garder ainsi des hommes de qualité jeunes et bienfaits; car la médisance va bien plus loin[3]. Gardez vous même de tous les autres, sans en excepter vos parens, et vos domestiques. Ainsi ne demeurez jamais seule avec aucun homme[4]; et quelque prétexte que l'on prenne d'avoir à vous parler en secret, ne le faites pas, et commandez à vos gens de demeurer dans le même lieu d'où ils vous puissent voir alors sans vous entendre; et personne ne s'en offensera, quand vous en userez ainsi pour tout le monde.

16. Ne couchez jamais dans une chambre seule, et même faites y coucher plûtôt deux femmes qu'une, si vous le pouvez

---

1 Cf. *La Princesse de Clèves*, t. II, p. 85. Quand M. de Nemours laisse entendre à la Princesse l'attachement qu'il a pour elle, elle ne trouve rien à répondre, déchirée qu'elle est entre le plaisir que ce discours lui donne, et l'indignation qu'il aurait dû susciter.

2 718, coll. Berriot, note manuscrite: Voyez sur cet avis celui que donna Sully à Marie de Medicis. Cf. dans *La Princesse de Clèves*, t. III, p. 122, l'aveu que la Princesse fait à son mari, lequel sera la cause de sa mort.

3 Cf. *Introduction*, Part. III, ch. 29, p. 237: «Qui osteroit la mesdisance du monde, on osteroit une grande partie des pechés et de l'iniquité».

4 Cf. l'idéal féminin proposé par M. Vincent aux Filles de la Charité, *Correspondance, entretiens, documents*, t. IX, lettre du 25 janv. 1643, p. 79-94: «Les filles des champs ... ne se trouvent jamais seules avec les hommes, ne les regardent jamais au visage, n'écoutent pas leurs cajoleries ... Et si les paroles sont si dangereuses, que serait-ce des actions? Oh! jamais, mes filles, il ne faut être seules avec les hommes, quand même ce serait un prêtre».

aisément, mais pas une avec vous; car cela est contre le respect qu'elles vous doivent, et contre la propreté et la bienseance.

17. Que pas un homme de vos domestiques n'entre le matin dans vostre chambre, que vous ne soyez vêtuë, et ne vous découvrez point la gorge devant eux en vous habillant. Car puisque vous la devez cacher aux étrangers, pour n'aider pas les demons à leur tendre des pieges[1], vous estes obligée d'avoir le même égard pour vos domestiques, qui sont hommes et fragiles comme tous les autres.

18. Il n'est pas necessaire que je vous dise de ne faire point de caresses trop tendres à vostre mary devant eux pour la même raison; car vostre humeur n'est que trop retenuë, même pour celles qui concernent la tendresse de l'amitié, et que l'on peut faire à un frere.

19. Le desir de garder vostre ame dans la pureté, de ne point nuire à celle de vostre prochain, et de conserver vostre reputation pour l'édification des fidelles, vous oblige à prendre également garde à toutes ces choses, non pas comme à une oeuvre de surerogation; mais parceque vous en estes responsable à Dieu en ce qui dépend de vous. Ainsi il faut non seulement vous priver de toutes les principales choses, qui tendent à de si grands maux, mais encore des apparences, comme des superfluités d'habits[2], des modes qui découvrent le sein et les bras, des mouches, des fards, et

---

1 Cf. s. Vincent de Paul, 5ème sermon, in *Sermons*, t. I, p. 113: «Vous parlerai-je ici, Chrétiens, des péchés qu'on peut faire contre le sixième commandement ... si une gorge est exposée à une grossière et scandaleuse nudité». La période qui s'étend de 1500 à 1700 est marquée par une nouvelle vague de moralisme social. Dans tous les domaines de la vie quotidienne, on revalorise la chasteté et la pudeur, cf. Sara F. Matthews Grieco, «Corps, apparence et sexualité», p. 75-94.

2 L'ornement est contraire à l'humilité chrétienne, cf. 1 Tm 2, 9-10; le P. Surin, *Guide spirituel pour la perfection*, Part. V, ch. 2, p. 211-15. Il en va aussi de l'honneur féminin, dit Christine de Pisan dans le *Livre des trois Vertus*, Part. I, ch. 11, p. 44: «ne doubtez pas que de toy ou aultre n'estoyes contente de tel estat et abillement que tes nobles devanciers ont porté et que tu voulsisses avoir plus grant ou commencier nouvelles choses, tu mesprendroies et feroyes contre ton honneur et contre le bien de sobrece».

de toutes les autres choses qui marquent une attache trop curieuse à se plaire à soy même et aux autres[1]. Cela n'empesche pas que vous ne deviez estre propre, et que vos habits ne soient toujours bien faits et bien nets; car le desordre exterieur montre en quelque sorte le desordre et la negligence interieure[2], et l'on s'expose par là sans besoin à une certaine censure publique, et au dégoust de son mary, que l'on doit toujours éviter.

20. Quand c'est la consideration du mary, on ne se contente pas d'estre propre quand on sort, mais on l'est aussi dans le logis et en tout temps, et on est moins parée et moins ajustée en son absence qu'en sa présence[3].

---

[1] La satire des modes outrancières et de la vanité féminine est une constante des traités de morale mondaine depuis leur origine, cf. *Le livre du Chevalier de La Tour Landry* (ch. 43); *Livre des trois Vertus* (Part. I, ch. 11 et 12 et Part. II, ch. 2) dans lequel Christine de Pisan rappelle les règlementations vestimentaires, etc.

[2] Cf. F. de Sales, *Introduction*, Part. III, ch. 25, p. 225: «Quant à la netteté, elle doit presque tous-jours estre egale en nos habitz, sur lesquelz, tant qu'il est possible, nous ne devons laisser aucune sorte de souïlleure et vilenie. La netteté exterieure represente en quelque façon l'honnesteté intérieure».

[3] Cf. F. de Sales, *Introduction*, Part. III, ch. 25, p. 225: «La femme mariee se peut et doit orner aupres de son mari, quand il le desire; si elle en fait de mesme en estant esloignee, on demandera quelz yeux elle veut favoriser avec ce soin particulier».

ARTICLE VI

Des Devoirs envers les Enfans

1. L'inclination que l'on voit dans tous les animaux d'aimer leurs petits, de les nourrir, de les élever, et de procurer leur bien, quand ils ne sont pas en âge de le connoître et de le chercher, montre que Dieu a voulu leur imprimer ce sentiment, pour les faire servir d'exemple et de reproches aux creatures raisonnables qui seroient assez dénaturées pour y manquer.

2. L'amitié et le soin des bestes n'est que pour un temps fort court, leurs petits n'ayant besoin d'elles, que lors qu'ils ne sont pas en âge de conserver leur vie sans leur secours: mais les hommes qui ont à acquerir une vie immortelle, ont bien besoin d'un soin plus long et plus continuel.

3. Les peres et les meres qui n'ont pas soin de la nourriture et des autres necessités corporelles de leurs enfans[1], sont donc au dessous des bestes. Ceux qui n'en ont que pour cela, sont en même rang, et ceux qui ont soin de leur education pour leur salut, sont élevés à la ressemblance des anges, partageant avec eux ce noble soin d'élever des enfans à Dieu pour prendre part avec eux à son heritage[2].

---

1 1 Tm 5, 8. Cf. Coustel, *Les regles de l'éducation des enfans*, t. I, Part. I, p. 5; s. Vincent de Paul, 5ème sermon, in *Sermons*, p. 109-10: «Contre le quatrième commandement ... pèchent ... [p]ères et mères qui refusez la nourriture corporelle et l'entretien raisonnable à vos enfants, qui ne les instruisez point dans l'amour et la crainte de Dieu, qui leur donnez de mauvais exemples, leur faites d'injustes commandements, leur inspirez de pernicieuses manières, leur apprenez à mal faire ...» Sur l'allaitement par la mère, la santé des enfants et les soins du corps, cf. *Du devoir des meres avant et après la naissance de leurs enfans*, p. 272-331 et 424-47.

2 Dt 11, 17-18; Ps 77/78, 5; Ep 6, 4. Cf. Louis de Grenade, *Le vray chemin*, f° 445b, *Devoir des parens envers les enfans*: «Que les peres regardent

4. Cette education se doit commencer dès qu'ils sont formés; car il les faut offrir à Dieu aussitost qu'on se sent grosse[1], leur donner sa benediction à l'heure qu'ils sont nés, et prier pour eux toute sa vie.

5. Il ne faut jamais differer de les faire baptiser à l'Eglise, et choisir, si l'on peut, des parrains et des marraines qui ayent de la vertu.

6. On leur doit donner, autant que l'on peut, des nourrices de bonnes moeurs, et d'un esprit sage et moderé[2].

7. Ensuitte il faudra prendre garde qu'il n'y ait aucune personne corrompuë qui approche d'eux familierement et qui les serve; même que le moindre enfant mal né ne les fasse point jouer, et mettre une personne sage et soigneuse soit nourrice ou autre qui y prenne garde.

8. Aussitôt qu'ils commencent à avoir la moindre intelligence, il leur faut faire savoir qu'ils ont un Pere au ciel qui les regarde toujours, encore qu'ils ne le voyent pas et qui leur envoye tout ce qu'on leur donne. Il faut les offrir souvent à luy, et faire que les premiers actes de leur raison soient employés à le reconnoître comme leur createur, et à se donner à luy.

9. Il faut les regarder toujours, ma chere Fille, comme des enfans de Dieu aussi bien que comme les vostres, vostre salut

---

aussi, s'ils ont eu soin de leurs enfans, c'est à dire, de leur enseigner l'oraison & doctrine Chrestienne». Pour une étude d'autres textes d'époque, cf. Paris, *Marriage in XVIIth-Century Catholicism*, p. 162-69.

1 Nombreuses sont les formules dévotes dans les recueils de prières, cf. Jean de Ferrières, «Oraison pour dire quand une femme enceinte est en travail d'enfant», in *Le tresor des prières* (1585, rééd. 1686), p. 76sq; Antoine Godeau, «Prière de la femme enceinte», in *Instructions et prieres chrétiennes* (1646), p. 317sq; *Du devoir des meres avant et après la naissance de leurs enfans* (1675), p. 19sq. Sur ces textes, voir H. Brémond, *Histoire littéraire du sentiment religieux*, t. IX, p. 301-14.

2 Sur ce soin tout particulier du choix d'une nourrice et l'inquiétude à l'égard des influences corruptrices, cf. *Sur la vaine gloire et l'éducation des enfants*, ch. XXXVII et XXXVIII; *Livre des trois Vertus*, Part. I, ch. 15, p. 60; *Enseignemens*, p. 103-104; *Les regles de l'éducation des enfans*, t. I, Part. I, p. 66-8.

estant attaché au soin que vous aurez du leur. Vous essayerez de faire que leur esprit soit cultivé par des gens capables, sages et craignant Dieu, qui ne gastent pas leur coeur en formant leur esprit. Mais parce qu'il est plus rare que je ne vous le puis dire, d'en trouver qui ayent ces qualitez, priez bien Dieu qu'il vous en donne, et qu'il dispose M^r^ vostre mary à les recevoir. Informez vous en long temps avant le besoin, à des gens-de-bien qui soient éclairés; et quand vous en aurez trouvé, ayez bien soin vous même d'examiner leur conduite autant que vous le pourrez, sans vous en rapporter à leurs amis ou à leurs ennemis.

10. Dites bien à leurs précepteurs et à leurs gouvernantes, que vous ne voulez point qu'on les destine les uns au monde, les autres à l'Eglise, les autres à estre Chevaliers, mais qu'ils essayent de les rendre savans et vertueux[1], ces deux choses estant necessaires en toutes les conditions. Pour le choix de leur profession, c'est à Dieu seul à le faire, et aux peres et meres à considerer l'inclination qu'il donne à leurs enfans, pour la suivre à mesure qu'elle se découvre, et non pas pour la prévenir ou pour en precipiter la resolution, quand ils semblent pancher du côté qu'ils desiroient[2].

11. Il faut leur apprendre de bonne heure, qu'ils ne sauroient réussir en aucune condition, si Dieu ne les y fait entrer; afin qu'ils se mettent entre ses mains, s'abandonnant à luy pour cela, sans considerer si leur avantage temporel s'accorde avec la vocation qu'il leur donnera; parceque c`est à luy seul à disposer des evenemens, et à faire la ruine ou l'élevation des familles, et à nous à suivre sa volonté, qui sera toujours ainsi nostre bonheur en ce monde et en l'autre.

---

1 Cf. Coustel, *Les regles de l'éducation des enfans*, t. I, Part. I, p. 5-7: «Par le mot d'éducation, ... j'entends celuy qu'ils [=le soin que les parens] sont obligez de prendre de leurs ames [=l'ame de leurs enfans], & d'en cultiver les deux principales facultez, qui sont l'esprit, & la volonté: l'esprit, en leur faisant apprendre les belles lettres; & la volonté, en les formant dans la vertu ...»

2 Pareils conseils chez Coustel, *Les regles de l'éducation des enfans*, t. II, Part. IV, p. 392-412.

ARTICLE VII

Pour ceux que l'on destine à l'Eglise

1. Ceux qui ont beaucoup d'enfans et qui s'en veulent décharger ou les rendre riches en les destinant eux mêmes à estre d'Eglise, sont souvent cause de leur damnation, et attirent la malediction sur leur maison; en sorte que si le bien y entre par ce moyen, il en sort par un autre, et leurs aînés se trouvent enfin plus pauvres et plus embarassés que s'ils avoient donné le partage legitime à leurs cadets; car Dieu seul peut renverser ou rétablir les familles.

2. Mais si vous connoissez par des marques bien convainquantes et par l'avis de gens capables, que quelques uns de vos enfans ayent du penchant pour l'Eglise, conservez avec soin leur vocation, les détournant adroitement des personnes, des divertissemens et des compagnies qui attachent au monde, les instruisant du désintéressement qu'il faut avoir dans cette profession; puisque l'on proteste à l'Eglise en y entrant, que l'on ne prétend avoir que Dieu pour partage, et leur faisant voir que ce seroit une chose horrible de commencer une si sainte profession en mentant au Saint Esprit, qui demande principalement la disposition du coeur dans les Ecclesiastiques. Et pour les faire mieux entrer dans ce sentiment ou les y maintenir, faites les nourrir dans quelque bon Seminaire, quand ils seront en âge de cela, afin de les preserver mieux de la corruption du monde, et de les prévenir de bonne heure contre ceux qui ne manquent jamais de leur parler des avantages temporels des cadets en cette profession, de leur faire esperer les plus hautes dignités de l'Eglise avec de grands biens, de leur montrer qu'ils seront ainsi considerés dans leur famille autant

que leurs aînés, et qu'ils pourront avoir quasi la même part aux divertissemens des laïques[1].

3. Et pour ce qui est de demander des benefices pour eux[2], souvenez vous, ma chere Fille, que c'est la chose du monde la plus dangereuse pour les peres et pour les enfans, si l'on n'a les dispositions suivantes qui sont asseurément très rares.

4. Il faut n'avoir nul dessein d'accroître la fortune temporelle de ses enfans, mais de donner seulement des ministres fidelles à l'Eglise[3]. Ainsi on ne doit point regarder si un benefice les enrichit, ou s'il est meslé dans le bien de la maison, mais s'ils sont jugés capables par des gens habiles et vertueux qui les connoissent, de servir le benefice en faisant toutes les fonctions qui y sont attachées. Et ne vous laissez pas persuader, ma chere Fille, qu'il y en ait qui n'obligent qu'à dire le Breviaire; car le seul bon-sens vous peut bien faire juger que l'intention des Fondateurs ne doit pas estre frustrée, et qu'ils ne peuvent avoir voulu donner tant de biens à l'Eglise, pour faire seulement qu'un homme de qualité considerable dist son Breviaire pour eux.

5. Ces benefices ont esté fondés ou pour assembler de bons Religieux, qui loüent Dieu par leurs prieres et qui édifient l'Eglise par leurs exemples, ou de bons Prestres qui aident à ceux qui ont charge des ames dans l'administration des Sacremens et dans l'instruction des peuples[4]; et ces revenus ont esté encore confiés

---

1 Cf. M. Vincent, conférence du 21 nov. 1659, *De la pauvreté*, art. 10, in *Correspondance, entretiens, documents*, t. XII, p. 397: «Et parce qu'on peut pécher contre la vertu de pauvreté par le seul desir déréglé d'avoir des biens temporels, un chacun se donnera soigneusement de garde que ce mal ne se saisisse de son coeur, même à l'égard des benefices, qu'il pourrait rechercher sous couleur de quelque bien spirituel à faire. Et partant il n'aspirera pas même à aucun bénéfice, ou dignité ecclésiastique, quelque prétexte qu'il puisse avoir».

2 Sur la nomination aux benefices, et principalement aux cures, cf. Coustel, *Les regles de l'éducation des enfans*, t. I, Part. II, p. 395sq.

3 Cf. Coustel, *Les regles de l'éducation des enfans*, t. I, Part. I, p. 86: «Ce n'est donc pas à rendre leurs enfans riches en or & en argent, que les parens doivent travailler; mais c'est à les rendre riches en pieté, en vertus & en sagesse».

4 Ce fut sous le Pape Télesphore (125-36) que furent fondés les bénéfices ecclésiastiques. Un prêtre ne pouvait être ordonné que s'il y avait un bénéfice disponible.

aux premiers possesseurs comme à de fidelles depositaires, pour les faire passer entre les mains des pauvres, afin de procurer tout ensemble leur bien spirituel et temporel, ce qui exclut tout autre usage, même aux Commendataires, hors le necessaire de celuy qui le possede; et encore ce necessaire s'entend sur le pied de sa condition Ecclesiastique, et non pas sur celle de sa maison. Je croy même avoir lû et oüy dire quelque chose sur la residence aux benefices simples, et je ne l'ay pas assez bien retenu pour le dire, ni ne suis pas capable de le démesler: mais pour le reste je l'ay appris de bouche et par écrit de tant de bons et capables[1] Ecclesiastiques, que je n'en puis douter.

6. Si vos enfans se trouvent estre dans ces sentimens, et qu'ils soient en âge d'y estre confirmés, je croy que vous leur pouvez procurer quelque benefice pour employer leur zele, après en avoir demandé avis. Mais s'ils sont disposés tout autrement, et que M[r] leur Pere ou autre leur en obtienne, je prie Dieu qu'il les retire à luy, avant qu'ils ayent chargé leur ame d'un si pesant fardeau, et avant que le revenu de ce benefice soit meslé dans le bien de vostre famille.

7. Je me suis un peu étenduë dans cet article, parceque l'interest a quasi fermé les yeux à toutes les familles là dessus, et que l'on croit que ces benefices ne doivent servir que pour la décharge des maisons, pour la récompense des services des peres qui s'en servent sur ce pretexte pour eux et pour leurs autres enfans; pour étendre leur domaine quand ils sont proches de leurs terres, pour les transmettre de l'un à l'autre par des resignations, quand les premiers s'en dégoustent, et pour les perpetuer dans leur famille par la seule raison qu'il y a longtemps qu'ils y sont, perdant ainsi leur bien temporel avec le spirituel par la malediction qui y entre avec le bien de l'Eglise, qu'ils détournent de la fin et de l'usage auquel il est uniquement destiné[2].

---

1 Cf. M. Vincent entre autres, conférence du 28 nov. 1659, *Sur le désir d'avoir des bénéfices*, in *Correspondance, entretiens, documents*, t. II, p. 399-403.

2 Coustel recommande de «ne pas faire embrasser à ses enfans l'état ecclesiastique pour des motifs humains ... [il faut] la vocation exterieure, & la

8. Et qu'on ne vous persuade pas, ma chere Fille, que ce que je vous dis en cecy, soit le plus parfait, mais qu'il n'est pas necessaire; car il n'y a rien de si faux, et je le soumets à l'examen de tous les gens pieux capables et desinteressés que vous pourrez trouver, et à celuy de vostre conscience, si Dieu continuë à la rendre sensible à ce qui choque sa loy.

---

pureté d'intention [et encore avoir] les qualitez qui mettent une personne en etat de pouvoir servir l'Eglise, [i.e.] l'innocence de vie [car la vie d'un Ecclesiastique doit] servir de modele & de miroir aux peuples en toutes choses ... [il faut aussi] estre fort detachez des biens de la terre, & avoir beaucoup d'éloignement des plaisirs mesmes les plus innocens» (*Les regles de l'éducation des enfans*, t. II, Part. IV, ch. 9, p. 434-35). Cf. aussi Vincent de Paul, *Correspondance, entretiens, documents*, conférence du 28 nov. 1659, t. II, p. 402: »... telles propositions de bénéfices viennent d'ordinaire des parents qui, par un fol amour, bien souvent nous perdent». Et celui-ci de conclure: «[il faut] mettre en oubli ses parents, se dépouiller de cette pernicieuse affection qui nous fait souhaiter des bénéfices, pour les relever d'état, quand nous les aurons; c'est là, d'ordinaire, la cause de telles brigues ...»

ARTICLE VIII

Pour ceux qu'on éleve pour le monde

1. Ce n'est pas une petite difficulté, ma chere Fille, que de vous instruire sur l'education de ceux de vos garçons qui voudront demeurer dans le monde; et il faut des gens bien plus capables que moy, pour vous faire voir comment on peut élever des enfans pour estre Chrestiens et courtisans tout ensemble. Mais je ne laisseray pas de vous en dire ce que je pourray selon l'instruction que j'ay essayé de donner à vostre pere, esperant de faire corriger cet écrit avant que de le mettre entre vos mains[1].

2. Il me semble que ceux là ayant esté élevés en leur enfance comme les autres, doivent aussi estre instruits dans les langues[2] et dans les sciences autant qu'ils en pourront estre capables; car un homme du monde est aussi empesché qu'un autre, quand il ne peut entrer dans la conversation des gens sçavans, quand il n'entend quasi rien à tout ce qu'il lit, ou à tout ce que l'on dit devant luy d'un peu élevé ou extraordinaire, et quand il ne sçait comment il faut raisonner juste en parlant ou en écrivant[3].

---

1 Selon le P. Boileau, Jeanne de Schomberg aurait revu l'original, auquel son directeur de conscience aurait ajouté et rectifié quelques mots seulement.

2 Sur l'étude des «Langues Grecque & Latine», cf. Coustel, *Les regles de l'éducation des enfans*, t. I, Part. II, ch. 7, p. 254-323; Jouvency, *De ratione discendi et docendi*, Part. I, ch. 1.

3 La conception de l'instruction des enfants ne change guère du moyen âge au dix-septième siècle, voir à titre d'exemple celle de Christine de Pisan, *Livre des trois Vertus*, Part. I, ch. 15, p. 59-60: «Doncques la sage dame qui chierement les aimera sera diligente que ilz soient bien endoctrinéz, que ilz apprengnent tout premierement a servir Dieu; et soient enseignéz en lettres, et que le maistre soit soigneux de les faire aprendre aux heures competans. Et mettra peine la sage dame qu'il plaise au pere qu'ilz soient introduis ou latin, et que aucunement sentent des sciences, laquelle chose est moult convenable et bienseant

3. Mais sur tout il faut qu'ils sachent principalement tous les grands principes du Christianisme, et qu'ils puissent rendre raison de leur foy: car c'est une chose fort étrange, de croire que pour estre à la Cour, il faille ignorer pourquoy nous sommes au monde, ce que nous pouvons devenir quand nous en sortirons, et quel est le souverain-bien auquel nous devons tendre, et à quelle condition est attaché le bonheur de le posseder.

4. L'ignorance de ces choses fait qu'ils prennent de premieres impressions qui choquent la foy, la justice, le bon-sens, et qui se répandent dans toute la conduitte de leur vie, pour les rendre infidelles à Dieu, insuportables à eux mêmes, à leurs parens, à ceux qu'ils hantent, et sur tout à ceux qui leur sont soumis.

5. Faites leur donc apprendre distinctement ce qu'ils doivent à Dieu[1], à eux mêmes, à la patrie, au Roy, à leurs parens, à leurs amis, à leurs domestiques et à leurs sujets; afin qu'ils y gardent un ordre qui les empesche de confondre les choses, comme fait la plus part du monde, qui met souvent les premiers devoirs an rang des derniers, préferant leur engagement, leur inclination, ou leur interest à tout ce qu'il y a de plus juste et de plus necessaire.

6. Pour leurs études, essayez que leurs précepteurs leur donnent le plus en abregé qu'ils pourront certaines choses de l'antiquité, que l'on dit qu'il ne faut pas ignorer tout-à -fait, et qui sont neanmoins dangereuses pour la jeunesse[2]; et que

---

a enfans de princes et de seigneurs. Elle vouldra aussi quant leur aage croistra et que ilz auront entendement, que ilz soient amonnestéz des choses du monde et du gouvernement qui leur assiert et de toutes choses qui a prince assavoir apertiennent, que tous amonnestemens de vertus leur soyent diz et demonstréz, enseignee la voye de fuir vices».

1 Ec 12, 13.

2 Cf. Coustel, *Les regles de l'éducation des enfans*, t. I, Part. I, p. 64-5: «Or quand je dis qu'il faut faire apprendre les belles Lettres aux enfans de qualité, je n'entends pas qu'on les amuse à toutes les vetilles de la grammaire, ou qu'on leur fasse apprendre les chicanneries de la Philosophie, comme s'ils devoient un jour prendre le bonnet de Docteur: mais j'entends qu'on leur donne premierement l'intelligence de la Langue Latine, qui peut leur estre d'un fort grand usage dans une infinité de rencontres; & qu'aprés cela on leur apprenne bien la Geographie, les Mathématiques, & surtout la Morale & l'Histoire». Les moralistes expriment

principalement ce qu'ils leur feront apprendre par coeur pour exercer leur memoire, ou pour leur donner la hardiesse de parler un jour en public, soient des choses qui leur puissent donner des sentimens forts, genereux, et raisonnables, au lieu de leur amollir le coeur par des choses foibles, passionnées, et vaines, qui peuvent leur laisser de dangereuses impressions.

7. Faites leur comprendre de bonne heure la dignité de leur condition de Chrestiens[1], en leur disant qu'ils sont enfans du souverain des Roys; qu'ils sont nés pour estre heritiers de son Royaume; qu'ils ont esté rachetés par le sang d'un Dieu, qui a fait connoître par là de quel prix ils sont, et à quoy ils peuvent pretendre, et que leur ame estant plus grande que tout ce monde-icy, les plaisirs, les richesses, et les honneurs qui s'y trouvent, ne les pourront jamais satisfaire.

8. Essaïez d'élever ainsi le courage à tous vos autres enfans; car ceux qui seront d'Eglise et même les filles en ont grand besoin, quoiqu'ils en doivent user en differentes manieres. Mais ne souffrez pas qu'on les rende glorieux, en leur disant qu'ils sont nés grands, riches, puissans; et au contraire montrez leur que quand cela seroit vray, s'ils ne sont vertueux, tout cela ne serviroit qu'à les faire mépriser, en exposant davantage leurs defauts à la vuë du monde.

9. Montrez leur que toutes ces choses sont des dons de Dieu, qui ne sont pas attachés à leurs personnes, et dont ils peuvent déchoir fort aisément; que la beauté même, l'addresse, la force, s'ils en ont, quoiqu'attachées à leur corps, perit souvent par les maladies, et par les blessures, et toujours par le temps, et qu'il n'y a que la vertu qui demeure.

---

leur méfiance pour la curiosité malsaine, l'ambition et la vanité qui l'accompagnent ordinairement, cf. Fortin, *Testament*, Part. II, ch. 14, p. 141: «La science veritablement, qui remplit le cerveau d'une confusion d'images differentes qu'elle y entasse les unes sur les autres sans les avoir digerées, luy peut bien causer de l'enflure»; le P. Surin, *Guide spirituel pour la perfection*, Part. V, ch. 6, p. 224-25: «[l']affection à l'étude, par une secrète et imperceptible malignité, arrache du coeur le goût et la présence de Dieu .... L'homme spirituel ne veut savoir que ce qui peut servir à son salut et à la gloire de son Maître».

1 Ep 4, 1; Ph 1, 27; Col 1, 10; 1 Th 2, 12.

10. Faites leur comprendre, s'il se peut, que cette vertu ne consiste qu'à craindre et à aimer Dieu plus que toutes choses[1]; car quand cela est, l'on fait toutes les belles et grandes actions, et l'on est incapable des foiblesses et des inquietudes que donnent la peur de la mort et le desir trop ardent de tous les biens de la vie.

11. Montrez leur que ce premier devoir qui nous fait préferer Dieu à tout, et qui nous rend soumis à luy, met toutes choses dans l'ordre, soumettant les passions à la raison[2], et la raison à celuy seul qui la peut fortifier, éclairer, et conduire; qu'un homme qui est dans cet état, a toutes les vertus selon le dégré de cette préference, et que plus il en a, plus il est parfait pour ce monde-icy.

12. Il est courageux, parceque ne craignant que Dieu, il ne craint ni la mort, ni tous les maux de la vie en faisant son devoir.

13. Il est genereux, parce qu'il ne fait jamais de bassesse pour les éviter.

14. Il est fort, n'estant ému ni des promesses ni des menaces.

---

1 Pr 8, 13; 16, 6; Ec 12, 13; Ecq 1, 12-14, 16, 27; 2, 7-9; Jr 32, 40; Ph 2, 12, etc. Moralistes et théologiens font une place considérable à la crainte de Dieu dans la vie spirituelle, et cela dès l'enfance. Cf. Jean Chrysostome, *Sur la vaine gloire et l'éducation des enfants*, ch. XL, p. 139: «Cette crainte de Dieu gardera l'enfant plus que toute autre crainte et exercera une influence sur son âme»; «Bien-heureux est l'homme auquel la crainte de son Dieu est octroyee ... en tant que craindre Dieu est le commencement de son amour», dit Louis de Grenade dans *Le vray chemin* (*Meditation pour le jeudy au soir*, f° 130b); «La crainte est le commencement de la sagesse», souligne Coustel, in *Les regles de l'éducation des enfans*, t. I, Part. II, p. 224. Cf. aussi Fortin, *Testament*, Part. II, ch. 20, p. 160: «La seule crainte, qui n'est pas seulement permise, mais qui est absolument commandée, est la crainte du Seigneur, qui est le commencement de sagesse»; F. de Sales, *Introduction*, Part. III, ch. 38, p. 267: «bien eslever les enfans en la crainte de Dieu et en la vertu: en quoy on ne doit espargner aucune sorte de peyne ni de travaux». Sans cette crainte, dit encore Vincent de Paul, l'homme est comme à l'abandon, d'où la mission éducatrice des Filles de La Charité qui est «d'instruire les enfants dans les écoles en la crainte et amour de Dieu» à l'instar des Ursulines (cf. conférence du 9 févr. 1653, in *Correspondance, entretiens, documents*, t. IX, p. 591-98).

2 2 Tm 2, 22.

15. Il est ferme, parceque se gouvernant par les loix immuables de la souveraine raison, il ne change ni par les avis contraires, ni par les occasions, ni par les differens états où il se trouve.

16. Il respecte ses superieurs[1], parce qu'il les considere comme ayant la puissance de Dieu en eux; et ainsi il leur obeït toujours en ce qui n'est point contre Dieu, sans murmure, sans plainte, et sans bassesse.

17. Il est doux, civil, et de facile accès[2], parce qu'aimant son prochain pour l'amour de Dieu, il le veut satisfaire en tout ce qui est raisonnable et possible.

18. Il n'est point envieux, parceque n'aimant et ne desirant fortement que Dieu, il n'est point fâché que les autres obtiennent les biens passagers de ce monde pour lesquels il n'a point d'avidité, ni ceux de l'autre ausquels il aspire, parce qu'estant infinis, sa part ne sera point diminuée par celle qui en sera faite aux autres[3].

19. Il ne trahit jamais personne[4], parce qu'aimant les autres comme luy même[5], il les traite comme il voudroit estre traité[6].

20. Il domte sa colere[7], son chagrin[8], et ses aversions, et ainsi il n'est jamais bizarre ni fâcheux à personne.

---

1 Ti 3, 1. Cf. *Reglement* II, 33.

2 Cf. Ecq 4, 7-8.

3 Jb 5, 2; Pr 14, 30, etc. Cf. Coustel, *Les regles de l'éducation des enfans*, t. I, Part. II, p. 270-71; Fortin, *Testament*, Part. II, ch. 20; Gobinet, *Instruction*, Part. V, ch. 11, p. 271-72, *Of envy*; s. Vincent de Paul, 5ème sermon, in *Sermons*, p. 113: «Contre le cinquième commandement ... on pèche ... par envie, lorsqu'on s'attriste du bien de son prochain, le voyant loué, estimé, riche, honoré, etc., lui désirant du mal, murmurant de sa prospérité et contre ceux qui lui font du bien».

4 Ecq 27, 16-21.

5 Mt 22, 39; Mc 12, 31; Lc 10, 25-28; Rm 13, 8; Ga 5, 14; Ja 2, 8, etc. Coustel considère la charité comme la principale vertu à acquérir, cf. *Les regles de l'éducation des enfans*, t. I, Part. II, p. 289-306.

6 Mt 7, 12; Lc 6, 31.

7 Gn 45, 24; Ec 7, 9; 11, 10; Ep 6, 26. Cf. Coustel, *Les regles de l'éducation des enfans*, t. I, Part. II, p. 271; Fortin, *Testament*, Part. II, ch. 18, p. 151-56; Gobinet, *Instruction*, Part. V, ch. 11, p. 272-73; F. de Sales,

21. Il ne desire rien fortement de ce que les hommes peuvent donner, et ainsi il ne leur est jamais importun.

22. Il aime la justice[1] plus que son plaisir et sa vanité; c'est pourquoy il ne fait tort à personne pour contenter ces deux sources de l'injustice.

23. Il ne choisit jamais que des amis vertueux, et les sert avec soin, constance, et fidelité en tout ce qui n'est point contre Dieu; parceque n'estant point interessé, il ne craint point d'employer son credit pour eux, ni même de hazarder sa fortune quand il est absolument necessaire.

24. Si quelqu'un de ses amis déchoit de sa vertu, et que cela paroisse en quelque occasion, il l'en avertit avec fermeté, au lieu de le flatter et de le servir dans ses passions, et ne craint ni son reproche ni son changement, parce qu'il l'aime en effet, et qu'il ne veut point acheter la satisfaction de luy plaire, et d'avoir sa confiance aux dépens de sa vertu, qui est le fondement de son amitié[2].

25. Il ne fait point gloire de se venger, et de ne pardonner jamais[3], comme font d'ordinaire les vains, les brutaux, ou les foibles: au contraire il pardonne aisément dans son coeur toutes les offenses qu'on luy fait, et n'en poursuit jamais la reparation, que quand elles vont à de fâcheuses consequences[4]. Alors même il ne

---

Introduction, Part. III, ch. 8, p. 167; s. Vincent de Paul, 5ème sermon, in *Sermons*, p. 117.

8 Cf. Fortin, *Testament*, Part. II, ch. 21, p. 162: «La tristesse est une marque si essentielle du pecheur».

1 Is 56, 1-2.

2 Cf. Coustel, *Les regles de l'éducation*, t. I, Part. II, p. 336.

3 Cf. *Reglement* II, 30.

4 Mt 18, 21-35; Lc 17, 4. Cf. Courtin, *Suite de la civilité françoise*, ch. V, art. 3, p. 153-55, cit. p. 155: «La vengeance n'est donc point permise à aucun particulier ny par la loy de Dieu, ny par les loix humaines; Et on commet un attentat enorme de se venger soy-mesme, je ne dis pas seulement par des vengeances que la passion peut inopinément suggerer, ou par la trahison qui est le comble de la bassesse d'une ame: mais non pas même par une vengeance de sang froid comme seroit, si vous voulez le duel; parce que ce crime, outre qu'il offense la Majesté de Dieu, il offense en même temps la Majesté du Prince ... Il

se sert pour cela que des voyes legitimes et raisonnables, et prend bien garde que la haine ou la vanité plûtôt que la raison n'employe sa force et sa vigueur pour soutenir son honneur et son droit.

26. Faites bien vos efforts en demandant l'aide de Dieu, pour persuader vos fils de ne prendre point d'autre voie que celle là dans les offenses, ni pour eux ni pour leurs amis; et souvenez vous que c'est une chose si difficile à persuader à la jeunesse, qu'il en faut jetter les fondemens de bonne heure dans leur esprit, afin qu'ils connoissent la folie des duels et des violences[1], et qu'ils se rendent

n'appartient qu'au Souverain seul de vanger les injures»; Fortin, *Testament*, Part. II, ch. 15, p. 349-50: «Mon enfant, quand on te donne quelque sujet de haine, je voudrois bien que ton ressentiment se terminast par une horreur de l'injustice qui t'est faite sans qu'elle s'estendist jusques à la personne d'où elle vient. Il est plus digne de commiseration que toy ... oublie l'injustice qui t'est faite, ou la mesprise, ou si elle a besoin de quelque remede plus violent, haste-toy d'executer ce que ton honneur te conseillera pour ta satisfaction, afin que tu desloges de ton coeur le plus promptement que tu pourras un si fascheux hoste». Cf. aussi Part. I, ch. 15, p. 157-58, *De la vengeance*: «L'injure faite viole simplement la loy, l'injure repoussée la despouille avec insolence de son autorité ... Il n'y a point de trait plus penetrant que celuy du bien-fait: Son coup va jusques au coeur, peut-estre touchera-t-il celuy de ton ennemi; au moins feras tu voir en luy faisant du bien, qu'il est d'autant plus meschant que tu es bon, ce qui n'est pas une legere vengeance».

1 Le duel était un crime de lèse-majesté qui entraînait la peine de mort, l'excommunication, le refus de sépulture. Nombreuses sont les réflexions sur la question. Les avis sont partagés. Dans son *Discours sur les duels* (1606), Brantôme soutient que le devoir d'un chevalier est de «soubstenir et deffendre l'honneur de [sa] dame, et par parolles et par [son] espée» (*Oeuvres complètes*, t. VI, p. 290). D'ailleurs, souligne-t-il plus loin, les duels présentent de nombreux avantages: «on a diffiny par une belle gloire son différent, ou bien l'on y meurt en belle réputation, pour avoir eu le courage et résolution d'estre entré en estaquade: et si la fortune de l'espée ne leur a ry, encores d'avoir attenté c'est beaucoup, comme dit le latin: *in rebus arduis tentare satis est*» (p. 389). Dans son *Testament* (Part. III, ch. 8, p. 96), Fortin émet une opinion semblable: «Apprends à t'en (= de l'épée) servir pour maintenir ton honneur; Car encore que tu vives sous la protection des loix, les mesmes loix, si on les transgresse en te faisant injure, t'auroient en vain permis de la porter du costé du coeur, si leur intention estoit de t'oster la liberté de la mettre à la main pour repousser une injure. Le sujet légitime de t'en servir est le coup de main, la menace, le mespris injurieux, la supposition d'un crime qui deshonnore, le reproche d'une imperfection honteuse, le démentir». P. Boissat, par contre, tonne dans ses *Recherches sur les duels* (1610) contre cette «ruse du malin esprit»: «C'est à la verité une espece de frenesie continuelle, une

capables d'en persuader un jour les autres, si Dieu leur donne assez de creance auprès d'eux et assez de force pour cela. Je sçay bien que les femmes sont bien moins propres que les hommes à les détromper là dessus[1]: mais la raison persuade toujours les gens

calamité generale, qui donne sur les plus relevez courages, comme la tempeste sur les plus hauts edifices; une syderation universelle, qui tabesie et consume les meilleurs membres» (p. 1 et 3). Charles Bodin dans son *Discours contre les duels* (1618) constate que «la France produit, & esleve des monstres, dont elle estoit exempte par tant de temps entre tous les Royaumes de la terre, & la rendent coulpable d'une ferocité, que les plus farouches & cruelles de mesme espece, ne sçavent point ...» (p. 38). Il adresse ensuite ses plaintes aux Français: «Vous avez dressé des idoles infames, par tous les coings de vostre France, des idoles qui ne reçoivent contentement aucun qu'en se saoulant de vostre vie, & voyans leurs austels begner, en vostre sang» (p. 43-4). G. Joly adresse sa *Conivration contre les duels* (1613) à la Reyne et se propose de «pourtraire l'avantage, & la gloire royale, qui vous doibt revenir de ce beau project de mettre à chef l'extirpation de ces maudits duels. Qui seuls obscurcissent & ternissent de leurs espaix broüillars la beatitude, & serenité que vous esclairez à la France» (p. 12). Dès 1550, le jurisconsulte Alciat rappelait la faillibilité des lois. En effet, bien que le duel soit interdit par les lois civiles, «je croix toutesfois, que si aucun vaillant homme en armes est provoqué à combatre pour defendre son honneur, qu'il peut sans punition aller en une autre juridiction avec saufconduit & se combatre. Car il se defend par droict humain & droict des gens. Ce qu'il ne luy seroit licite au terroir de son prince, pouvant autrement defendre son honneur (*Le livre du duel et combat singulier*, 1550, Aij). J.-P. Camus qui condamne aussi ce fléau social qu'est «la gygantine fureur des duels» (cf. *Homélie des trois fléaux des trois estats en France*, art. 209, in *Homélies des Etats Généraux [1614-1615]*, p. 292), recommande comme remède l'application stricte des édits et des mesures sévères telles que le banissement à vie, la confiscation des biens, la perte des charges et pensions, le refus de grâce (art. 141-71, p. 280-85). Toutefois, malgré le nombre considérable de traités anti-duel (cf. aussi J. Savaron, *Traité contre les duels*; Pascal, *Les Provinciales*, VIIème; Chanoine Vantadour, *Raisons chrétiennes et morales contre les duels*, 1653, etc.) et les interdictions répétées de l'Eglise et de l'état--on en compte plus de 39 en cette première moitié du dix-septième siècle--, le duel ne déclina qu'après la Fronde. F. Billacois distingue quatre périodes de hausse des duels: 1604-1607; 1611-1614; 1621-1626; 1631-1633 (*Le duel dans la société française des XVIe-XVIIe siècles*, p. 119-20; 133-35). Voir aussi Micheline Cuénin, *Le duel sous l'Ancien Régime*.

1 Bien que le sexe fort ait le monopole du jugement des armes, les femmes ont exprimé leur opinion sur la question. Cf. Marie de Gournay, «Si la vangeance est licite»; Mme de Bouteville, *Remontrance de la dame de Bouteville au Roy* (*Mercure françois* 1627); et Mme de Nemours qui perdit son époux par la

raisonnables de quelque part qu'elle vienne, et elle a toujours son effet, quand il plaist à Dieu de donner autant de force que de connoissance à ceux qui l'écoutent. Et j'ay éprouvé en la personne de mon fils le pouvoir qu'elle a sur un esprit bien fait; car il avoit reçeu cette instruction de moy avec une telle impression, que pour s'en souvenir toujours, et pour s'engager à la suivre, il en avoit[1] écrit de sa main la resolution que je vous ai montrée et que je garde pour ma consolation.

27. Mais pour avoir lieu de dissuader ses amis là dessus, sans qu'ils puissent croire que c'est pour se tirer de la meslée, il faut qu'ils sçachent que celuy qui les conseille, est resolu de ne se battre jamais en duel ni pour luy ni pour les autres, et qu'ils voyent que c'est une resolution qu'il ne prend pas sur le champ dans la consideration d'un peril prochain. C'est-pourquoy il s'en faut declarer de bonne heure et s'en expliquer hardiment hors de l'occasion, en disant avec fermeté que si quelqu'un le prend pour second, il le fera arrêter, croyant ne luy pouvoir rendre un meilleur service; et que si quelqu'un le fait appeller, ce sera à dire qu'il ne se veut pas battre; parceque sçachant sa resolution, il ne s'amuseroit pas à faire du bruit par un appel inutile. Tout ce qui décrie le courage des gens est, quand ils usent de finesses là dessus, qu'ils se font arrêter, et qu'ils n'ont pas la force de dire ce qu'ils doivent et ce

---

main de son frère, cf. *Les regrets de Madame la duchesse de Nemours sur la mort du duc son mari* (1652):

Cher & cruel objet de mon ressentiment,
Faut-il que ma douleur en ce fatal moment,
Ait lieu de t'accuser d'un meurtre involontaire?
Que l'injuste rigueur du sort,
Me rende mon espoux dans les bras de la mort,
Et qu'en son meurtrier mon deuïl rencontre un frere.

Quoy, faut-il que le fer de ce noble Vainqueur
Dont j'ay loüé cent fois la prudence & le coeur,
Perce aujourd'huy le mien en un autre moy-mesme?
Et qu'un destin injurieux,
Qui ravit pour jamais mon espoux à mes yeux,
Me condamna à haïr ce cher frere que j'ayme?

1 Correction pour avoir.

qu'ils veulent faire. Et quand on dira à vos fils que leurs ennemis les prendront à leur avantage, et qu'ils pourront estre surpris par quelque brutal, qui se tiendra offensé par quelque chose de si leger, qu'ils ne seront point sur leurs gardes; dites leur qu'un Chrestien ne doit point craindre la mort en cette occasion, que si elle leur arrivoit par l'inegalité des armes de leurs ennemis ou autrement, ils trouveroient une vie éternelle, et que si Dieu leur veut conserver encore celle-cy, il les fera sortir de leurs mains avec honneur, malgré l'effort et la surprise qu'on leur voudroit faire[1].

28. Montrez leur qu'il n'y a ni honneur ni raison qui les oblige à ces sortes de combats. Car pour l'honneur cela se peut voir en ce que jamais on n'allegue cette raison, que quand il n'y a que la loy de Dieu qui s'y oppose; mais quand celle du Prince la seconde[2], on ne craint point d'alleguer la perte des charges et du bien, le bannissement, ou le supplice, et un homme ne se tient nullement deshonoré, et avouë librement ce qu'il n'oseroit faire, si c'estoit le veritable honneur qu'il se vante de vouloir conserver si soigneusement: et le bon-sens leur fera bien voir en cela que ceux qui font semblant de preferer ce faux honneur à toutes choses, ne le preferent en effet qu'à Dieu et à leur salut qui n'est rien pour eux, parce qu'ayant l'esprit renversé, ils voyent les choses de travers selon que le demon du desordre le leur inspire[3].

---

1 Ps 48, 14.

2 Cf. Bodin, *Discours contre les duels*, p. 53: «Quel plus espouvantable, quel plus horrible & detestable que celuy des Duels, qui est contraire à la nature, opposé directement au droit des gens & lois humaines, & rebelle du tout aux sainctes & sacrees lois de nostre Dieu?»; Courtin, *Suite de la civilité françoise,* ch. V, art. 3, p. 170: «un grand Seigneur, ou un particulier qui se venge luy mesme sans aucune concession du Prince, commet un attentat au premier chef contre l'autorité Royale; & que le duel qui est une voye pour se venger soy-mesme d'une injure que l'on a effectivement, ou que l'on croit avoir reçeuë, est un crime de leze-Majesté»; Fortin, *Testament*, Part. II, ch. 29, p. 206: «Le Prince et la Loy ont pourveu à la reparation de toutes sortes d'injures, ce n'est pas à l'offensé de les arbitrer ...».

3 Sur le faux point d'honneur, ou le «quant-à-moy», cf. Courtin, *Suite de la civilité françoise*, ch. VI, p. 274-75: «Le Point-d'honneur selon le Christianisme, est non seulement de ne point faire le mal, mais aussi de faire le

29. Et pour montrer encore à vos fils qu'il y a aussi peu de raison que de vray honneur dans ces sortes de combats, faites leur considerer la folie de ce procedé, qui est qu'un homme qui se tient offensé, pour se faire reparer cette offense prend pour cela un moyen si douteux, que souvent il reçoit cette satisfaction par sa mort, ou par de grandes et douloureuses blessures; et une autre chose qui ressent encore plus la rage que la folie, est d'embarquer son frere ou son meilleur amy selon que le demon le fait rencontrer, et on luy sacrifie souvent sur le champ ces pauvres victimes pour récompense de leur amitié[1].

30. Mais afin que vos fils fassent avec plus d'honneur et de liberté la profession de refuser les duels[2], il faut qu'ils vivent également selon la loy de Dieu dans les autres choses. Car un homme qui seroit vicieux, donneroit sujet de n'attribuer pas ce refus de duels à la crainte de Dieu, quoique le monde fasse une grande injustice en ces jugemens là . Car il ne faut qu'avoir un reste

---

bien par un mouvement de Charité. Le quant-à-moy connoissant son peu de merite, s'alarme & se choque de tout ce qui a l'ombre du mépris; & le veritable point d'honneur s'humilie & profite du mépris mesme. Le quant-à-moy cherche à s'establir par la vengeance; & le véritable point d'honneur se satisfait par le pardon. Le quant-à-moy rend un mal réel pour des injures imaginaires; le véritable point d'honneur rend le bien pour le mal dans des injures réelles. Le quant-à-moy met l'honneur dans la violence, la colére, l'emportement, la vanité, la ruse; & le véritable point d'honneur met l'honneur dans la douceur, dans l'humilité, dans la patience, dans la candeur, & la sincerité». Cf. aussi Fortin, *Testament*, Part. II, ch. 29, p. 205: «Le peu de respect qu'on a rendu jusques icy aux Edits des Rois, ne procede pas tant de leur inexecution que de ce que nous sommes preoccupez d'un zele d'honneur indiscret ... C'est pourquoy je ne voy point de moyen plus asseuré pour y remedier, que d'aller au secours de l'imagination qui est la parte maladie, en luy faisant connoistre qu'il n'y a point d'offense, de quelque nature qu'elle soit, qui pour sa satisfaction merite la mort d'un homme».

1 Cf. Fortin, *Testament*, Part. II, ch. 29, p. 208-209: «Dis-moy, je te prie, tu aymes celuy duquel tu te sers de second, autrement tu ne l'employerois pas: avant que de le mettre en besogne as-tu fait cette reflexion, que tu troubles son repos, que tu luy donnes une querelle, que tu le jettes dans la necessité de tuer un homme, ou d'en estre tué: que tu le livres à la rigueur des Edits ... Penses-tu estre son amy, ou qu'il soit le tien, en l'exposant à tant de dangers sans aucun besoin?»

2 1718, coll. Berriot, note manuscrite: «et avoir donné des preuves judubitables de bravoure».

de foy, pour craindre d'aller faire un dernier peché[1], dans lequel la mort subite envoie dans les peines éternelles[2], sans que la reputation de brave qui demeure pour quelques jours en ce monde, les puisse diminuer[3].

31. Une autre chose aussi necessaire pour les porter à faire cette resolution contre les duels et les violences, et à la tenir en toutes occasions, est de les envoyer de bonne heure à la guerre, et nous en avons usé ainsi pour vostre pere: car quand ils auront montré leur courage en ces lieux là , ils auront plus de hardiesse à refuser ces sortes de combats et de vengeances.

32. Après que vous aurez essayé de faire goûter à vos enfans ces vertus, que les gens du monde pour peu qu'ils soient raisonnables ne sauroient contredire, montrez leur quel rang doit tenir parmi tout cela celle qui les soutient toutes, et qu'il n'y a que les vrais Chrestiens qui pratiquent, qui est l'humilité, qui consiste à connoître ses propres infirmités, et qui subsiste avec un courage de

---

1 Cf. Courtin, *Suite de la civilité françoise*, ch. VI, p. 180: «Celuy-là péche contre luy-mesme & contre Dieu, qui fait si peu de cas de la vie que Dieu luy a donnée comme un grand bien, que de la prodiguer ainsi»; Fortin, *Testament*, Part. II, ch. 29, p. 207: «Peut-on representer que l'homme soit fait à l'image de Dieu, & que cette divine ressemblance luy a esté imprimée de sa main propre, & en ce mesme instant, sans respecter l'original, avoir l'audace de détruire l'image du Dieu souverain en son pourtrait, qui est l'homme?»

2 Cf. Bodin, *Discours contre les duels*, p. 47 et 169: «Car si le moindre des pechez mortels a le pouvoir d'entrainer une ame parmy les gehennes infinies, que fera le plus horrible de tous, que fera celuy qui tire sa naissance des Duels, qui prend sa vie dans la mort des humains, & tire sa nourriture de leur sang? ... O grand Dieu quelle sentence! Seigneur, que ce jugement sera rude, bien qu'il soit utile & tout plein d'equitté».

3 Fortin qui s'est livré par deux fois au duel (la première, il fut estropié du bras; la seconde, il perdit beaucoup de sang) remet en cause cette réputation de brave, cf. *Testament*, Part. II, ch. 29, p. 204: «Nostre Duel en comparaison [des premiers duels] n'est proprement qu'un monstre hermaphrodite, femelle en la foiblesse des motifs de la naissance, en l'appuy qu'il recherche d'un second ou de plusieurs, & aux advantages qu'il espere plus de son adresse que de sa force. Il n'a rien de masle en soy que la brutalité de son action, qui consiste à tuër ou à vaincre un homme». Et p. 213: «Après avoir soustenu le choc d'une armée entiere, est-il possible qu'on veüille tirer vanité d'un Duel où l'on n'a qu'un seul homme à combattre, sans avoir l'imagination bien malade?»

tout entreprendre en la force de Dieu, et de s'élever au dessus de tous les biens créés, en s'abaissant au dessous de tous les autres hommes.

33. Ce qui fait que ceux qui ont cette vertu, ne s'estiment jamais plus que les autres, encore qu'ils connoissent n'avoir point les mêmes vices qu'eux, c'est parce qu'ils savent que c'est un don de Dieu qui les a prevenus, et que s'il les abandonnoit tant soit peu, ou les laissoit tenter jusqu'au bout sur leur foible, ils deviendroient les plus criminels et les plus malheureux de tous[1].

34. Si cette créance est bien établie dans leur esprit, ils ne médiront jamais des autres, ils ne s'en mocqueront point, et auront pitié de ceux que Dieu abandonne à la malice de leur coeur.

35. Vous avouerez, ma chere Fille, que si vos fils vivoient ainsi, ils seroient aimés de Dieu et du monde. Mais on vous dira que c'est une trop grande tâche pour les gens de la Cour: et moy je vous dis qu'il la leur faut donner toute entiere pour les en faire approcher le plus que l'on pourra avec l'aide de Dieu, et pour leur faire voir que les vertus chrestiennes ne sont ni foibles ni basses, comme elles paroissent à des gens mal instruits. Et si parmi ceux qui font profession de pieté, ils en trouvent avec le temps quelques-uns, qui ayent beaucoup de foiblesse et de bassesse, cette instruction les empeschera au moins d'en jetter la faute sur la devotion, et ils croiront que cela vient de la foiblesse humaine, qui fait languir en eux l'amour de Dieu en l'étouffant par l'amour du monde, au lieu d'en rejetter la faute sur la vraie pieté dont ils font profession.

36. Mais avant que de les laisser aller tout à fait sur leur foy dans le monde, donnez leur s'il se peut, des domestiques gens-de-bien principalement ceux qui les aprochent, et entr'autres quelque gentilhomme sage qui les puisse aider en particulier par son conseil, par son exemple, et par sa fermeté, sans faire le gouverneur ni le surveillant.

---

1 Cf. Fortin, *Testament*, Part. II, ch. 9, p. 142: «Voicy comme j'entens que tu sois humble, à sçavoir s'il y a quelque chose de bon en toy, que tu reconnoisses que tu le tiens de Dieu seul, & que tu n'as rien de toy que tes vices».

37. Et prenez le soin sur tout de prevenir vos fils sur le renversement qui se fera dans leur esprit, s'ils n'y prennent garde, en entrant dans le monde, par le changement de compagnies, d'entretiens, d'occupations, d'exemples, d'occasions de plaisirs, qui leur formeront une idée toute differente de celle que vous aurez essayé de leur donner.

38. Et pour les aider à vaincre ces illusions, obligez les d'avoir assez de confiance en vous, pour vous declarer tous les embaras qui se formeront de tout cela dans leurs esprits et dans leurs coeurs, afin d'essayer à les fortifier contre toutes ces fausses vuës par les prieres que vous ferez à Dieu pour eux, par vos entretiens et par ceux de quelque personne capable.

Mais pour leur donner cette confiance en vous, il n'y aura que vostre amitié pour eux[1], et l'estime qu'ils auront de vostre vertu qui les y puissent porter. Paroissez leur donc raisonnable, tendre, douce, et ferme comme vous devez estre, et ils vous découvriront leurs plus grands maux, et recevront toujours quelque soulagement de vos remedes, si Dieu ne les abandonne point entierement, comme je veux esperer de sa misericorde, quelque peril que j'y voye.

---

[1] Sur l'amitié entre pères et enfants, cf. Fortin, *Testament*, Part. III, ch. 3, p. 272.

ARTICLE IX

Pour les Filles

1. Pour vos filles, ayez le même soin de leur éducation, et ne mettez auprès d'elles que des femmes ou filles les plus vertueuses que vous pourrez trouver; et jusqu'aux enfans qui les font jouër quand elles sont petites, n'y souffrez que les plus dociles, et n'y laissez point mesler de garçons.

2. Aussitôt qu'elles pourront s'aider d'une aiguille, faites les coudre, quand ce ne seroit que des hardes pour leur poupée. Car il faut commencer dès cet âge à les accoutumer à fuir l'oisiveté et à prendre même plaisir à s'occuper[1].

3. Soyez leur douce et tendre quand elles font bien, et sévere quand elles font mal: mais gardez toujours dans vostre douceur et parmi quelques flatteries un certain empire qui conserve le respect et la crainte qu'elles doivent avoir pour vous, et dans vostre severité des mesures si justes, qu'elles voyent que c'est la raison et leur propre bien qui vous font agir, et non pas la passion et l'emportement[2].

4. Il ne faut pas même que vous fassiez semblant de savoir leurs petites fautes quotidiennes, afin de n'avoir pas à les reprendre

---

[1] Parallèle avec le *Réglement pour les enfants* de Jacqueline Pascal, Part. I, art. 10, cf. *Lettres, opuscules et mémoires* ..., p. 219: «on les accoutume aussi à aimer beaucoup l'ouvrage, et à porter partout de quoi travailler ... On les exhorte seulement à prendre cette bonne habitude de n'être point oiseuse ...»

[2] Cf. *Réglement pour les enfants*, Part. II, art. 16, in *Lettres, opuscules et mémoires* ..., p. 266: «Quand il est nécessaire de les reprendre de leurs légèretés et mauvaise grâce, il ne faut jamais les contrefaire ni les pousser en les rudoyant, quoiqu'elles fussent de mauvaise humeur; au contraire il leur faut parler avec très-grande douceur, et leur dire de bonnes raisons pour les convaincre. Ce qui empêchera qu'elles ne s'aigrissent, et fera qu'elles recevront bien ce qu'on leur dit».

tous les jours, de peur qu'elles ne s'y accoutument: mais faites que celles qui en auront soin vous en rendent neanmoins un fidelle compte. Et quand elles ne peuvent les en corriger, c'est alors qu'il faut que vous en paroissiez instruitte, et que vous les châtïez selon leurs fautes, et la malice ou l'opiniatreté d'où vous jugez qu'elles peuvent naître[1].

5. Ne les endurcissez pas au fouet[2], afin qu'elles en craignent fort la honte et la douleur. Il y a beaucoup de châtimens à leur

---

[1] 113. Cf. *Réglement pour les enfants*, Part. II, art. 20, in *Lettres, opuscules et mémoires*, p. 268: «Je crois aussi que dans tous les autres défauts plus légers, on les doit peu avertir; car insensiblement elles s'accoutument à toujours entendre parler. C'est pourquoi de trois ou quatre fautes l'une, il ne faut pas faire semblant de les voir; mais après les avoir considérées quelque temps, il faut les surprendre et leur en faire faire satisfaction tout sur l'heure. Cela les corrige bien plus que beaucoup de paroles».

[2] Le texte sacré rappelle l'obligation qu'ont les parents de corriger leurs enfants, cf. Pr 13, 24. Les corrections faisaient partie des règlements scolaires. Elles pouvaient aller de la réprimande à l'application de férules et de verges. Rois et reines, enfants, ne furent pas exempts de mauvais traitements comme l'atteste ce texte daté du 5 avril 1545, dans lequel Jeanne d'Albret déclare avoir consenti au mariage avec le Duc de Clèves «par force» et «pour craincte du Roy [François ler], du roy mon père et de la royne ma mère, que m'en a menassé et faict foueter par la baillyve de Caen, ma gouvernante, laquelle par plusieurs fois m'en a pressée par commandement de la royne ma mère, me menassant que, si je ne faisois, au faict dudit mariage, tout ce que ledit Roy vouldroit et que si je ne m'y consentoie, je serois tant fessée et maltraictée que l'on me feroit mourir, et que je seroie cause de la perte et destruction de mes père et mère et de leur maison ...» (*Nouvelles lettres de la Reine de Navarre adressées au Roi François Ier, son frère*, p. 234-38; 289-92). Sur le mauvais traitement infligé par M. de Montausier au dauphin, le futur Louis XIV, cf. *Les mémoires de Dubois*, in *Notices littéraires sur le dix-septième siècle*, p. 409sq. Les Jansénistes supprimèrent de telles pratiques dans les Petites Ecoles. Cf. Coustel, *Les regles de l'éducation des enfans*, t. II, Part. III, ch. 1, art. 10, *De leur châtiment*: «Quand les reprehensions reïterées, & les menaces ont esté inutiles, il faut enfin changer de conduite, & ramener à la raison par le châtiment, ceux que la droite raison n'a pas esté capable de retenir dans les bornes de leurs devoirs ... [toutefois] il ne faut user du foüet que le moins qu'on peut» (p. 128-32). «On ne les (=les enfants) doit châtier que par un pur motif de charité, & par un sincere amour de leur veritable bien» et «il ne faut jamais châtier par emportement & par colere», ajoute l'auteur (p. 132). Cf. aussi Jouvency, *De ratione discendi et docendi*, Part. III, ch. 1, art. 2, p. 125 et 128: «On réussit quelquefois mieux à corriger quelqu'un d'une faute, surtout cachée, en la pardonnant, quand il l'avoue secrètement, & qu'on peut le faire sans inconvenient,

faire; mais il faut, s'il se peut, que la crainte de perdre vostre amitié et de vous voir faire une mine froide ou severe envers elles, leur serve quelquefois de châtiment, quand la raison leur vient.

6. Le fouet est principalement necessaire aux enfans depuis l'âge de 3 ans ou environ, jusqu'à ce qu'ils ayent la raison assez forte pour craindre autre chose; car en ce temps-là ils agissent par instinct quasi comme des bestes: et si l'on s'amuse à rire alors des petites passions qu'ils font paroître, et qu'on ne les reprime pas soigneusement et par la douleur du fouet, et par la privation de ce qu'ils desirent, on les laisse fortifier; en sorte qu'ils ne peuvent plus les domter, et leur volonté ahderant à leur instinct, leur raison n'agit plus en eux, et toutes leurs passions les emportent.

7. Quand elles sont tout-a-fait en âge de raison, faites les tenir dans vostre chambre le plus que vous pourrez[1]; qu'elles y apprennent même les choses qu'elles doivent apprendre, ou faites les tenir du moins tout proche si cela se peut ainsi, afin que vous puissiez les aller surprendre aisément, pour voir si elles employent leur temps.

8. Choisissez leur des maîtres ou des maîtresses qui craignent Dieu, pour leur montrer ce qu'elles doivent apprendre, quand même

---

qu'en le punissant ... Quand on punit, que ce ne soit jamais par colère, par arrogance ou ostentation ... Pas d'outrages, de mots inconvenants ... On doit se contenter de montrer la faute, sa gravité, d'en énumérer les conséquences fâcheuses, & d'ajouter quelquefois des menaces tempérées par la douceur et la clémence; enfin, on ouvrira au coupable le moyen de réparer sa faute & l'on ne donnera pas lieu de justifier ... Un maître ne punira pas avec précipitation, il ne montrera ni dureté ni animosité à l'égard de ses élèves, mais il sera paternel avec eux et toujours maître de lui-même. Quand les réprimandes suffiront pour corriger une faute, il n'y ajoutera pas des coups, et se défendra moins par la sévérité que par l'autorité»; *Les regles de la sagesse*, règle VII, p. 69-78: «Que dans la correction des vices, on doit garder un juste tempérament entre la douceur trop molle & trop relâchée, & la severité trop rigoureuse & trop austere ... N'augmentez point le vice en le reprenant avec trop d'aigreur, & ne corrigez pas un peché par un autre, en vous laissant emporter par la colere».

[1] Cf. *Réglement pour les enfants*, Part. II, art. 3, in *Lettres, opuscules et mémoires*, p. 261: «Il est très-nécessaire que nous nous donnions toutes à elles sans aucune réserve, et que sans une nécessité inévitable nous ne sortions point de leur quartier, pour être toujours présentes dans la chambre où elles travaillent».

ils n'auroient pas si grande vogue que d'autres, pourvû qu'ils soient en effet assez habiles pour cela[1].

9. Ne leur faites point apprendre ce qui ne peut servir qu'à la vanité, et si elles ont bonne grace naturellement, vous n'aurez même que faire de maître à danser pour leur en faire avoir. Car s'il est besoin qu'elles ayent de la grace à marcher, à faire la reverence, et à bien porter leur corps, pour n'attirer pas l'aversion ou la raillerie du monde, et pour avoir la gravité d'une personne de condition, qui doit estre en veneration à ses domestiques et à ses sujets; il n'est pas besoin qu'elles ayent des graces affectées pour attirer les yeux dans les bals et les assemblées, puis qu'elles n'y doivent même jamais aller.

10. Ne les laissez point accoutumer à parler brusquement, ni même à parler haut devant vous en compagnie, ou devant d'autres personnes de grand respect, si ce n'est en répondant[2]: et insinuez leur une chose vraie, qui est que celles qui parlent beaucoup, ou d'une maniere hardie, pour faire voir qu'elles ont de l'esprit, montrent qu'elles en ont peu, et point du tout de jugement[3], et que

---

[1] Sur le choix d'un précepteur, cf. Jouvency, *De ratione discendi et docendi*, Part. II, ch. 1, art. 1, p. 79-80: «L'usage nous apprend, & la raison le confirme, que telles sont les moeurs des maîtres, telles sont celles des élèves; c'est ainsi que les enfants ont les traits de leurs parens, & l'on voit rarement de très honnêtes élèves sortir de l'école d'un maître pervers. C'est par l'exemple d'abord que l'on inculque la piété avant de recourir aux paroles. Tel un maître veut former son élève, tel il doît être lui-même; et j'ajouterai qu'il doit encore se montrer bien supérieur à ce qu'il veut obtenir. C'est ainsi qu'un modèle dont on tire beaucoup de copies doit être parfait».

[2] Constante dans les textes pédagogiques, voir entre autres Anne de France (*Enseignemens*, p. 44) où il est rappelé que le parler hardi fait juger les femmes «folles et non castes de corps».

[3] Dans la classe noble, on jugeait indécent pour une femme de faire étalage de son savoir. Alcionide, l'héroïne de Mme de Scudéry (in *Artamene ou le grand Cyrus*, t. III, p. 634-35), est pour la femme le modèle idéal car «elle dit toujours precisément tout ce qu'il faut dire, pour divertir ceux qu'elle entretient. Elle parle également bien de toutes choses: & demeure pourtant si admirablement dans les justes bornes que la coustume & la bien-seance prescrivent aux Dames pour ne paroistre point trop sçavantes: que l'on diroit à l'entendre parler des choses les plus relevées, que ce n'est que par le simple sens commun qu'elle en a quelque

celles qui parlent moderément et d'un ton modeste, font croire assurément qu'elles en ont plus même qu'elles n'en font paroître.

11. Accoutumez les de bonne heure à rompre leurs volontés en rompant leurs petits desseins[1], quand il y a quelque raison de s'y opposer. Faites leur voir pour cela quelque raison qui leur paroisse juste, afin qu'elles voyent que vous n'agissez point par caprice; et apprenez leur à souffrir ces privations pour plaire à Dieu, pour s'accoutumer à luy obeïr[2], et pour rendre leur humeur facile à se soumettre à la raison.

12. Gardez vous bien de les compter pour rien dans la destination du partage de vos biens, sous l'esperance qu'elles se passeront bien d'estre mariées, et par le dessein de maintenir la grandeur de vostre maison, en ne considerant que vostre aîné. Car cette injustice met la haine dans les familles, et déplaist à Dieu, qui sçait bien diminuër la part injuste qu'on fait aux uns preferablement aux autres, en permettant que leur conduite ou des accidens ôtent le trop qu'on leur en donne.

13. Ne les destinez non plus que vos fils ni au mariage ni à la Religion, et laissez agir Dieu librement dans leur coeur, sans essayer de les persuader selon vostre desir: mais examinez soigneusement

---

connoissance. Son eloquence est forte, mais naturelle: & quoy que ce soit une des Personnes du monde qui parle le plus facilement, c'est pourtant une des femmes de toute la Terre qui se taist avec le moins de peine ...»

1 Cf. Coustel, *Les regles de l'éducation des enfans*, t. I, Part. I, p. 12: «L'homme est le plus emporté de tous les animaux, lorsqu'il s'abandonne à ses passions & qu'il suit les mouvemens déreglez de l'ambition, de la colere, de l'envie. Il luy est donc avantageux de trouver cette digue dès sa jeunesse, qui l'arreste & l'empesche de s'écarter hors des bornes de la raison; Fortin, *Testament*, Part. II, ch. 5, p. 79 et 81: «Mon fils, apprens à regler ta volonté par la faute du premier homme ... Mon enfant, tu ne peux jamais estre heureux que par la seule moderation de ta volonté ...»

2 Cf. *Réglement pour les enfants*, Part. II, art. 2, in *Lettres, opuscules et mémoires*, p. 270: «On leur donne estime des petites occasions que Dieu leur envoie de souffrir quelque chose pour l'amour de lui, comme ... quelques privations de leurs désirs et inclinations, quelque sujet de renoncer à leur propre volonté ... On les prie de recevoir cela comme des dons de Dieu et un témoignage de son plus grand amour, et du soin qu'il a de leur envoyer des occasions de se perfectionner».

l'inclination qu'il leur donne, afin de la seconder le mieux qu'il vous sera possible, en les instruisant des devoirs de la condition à laquelle elles auront de la pente, et des peines qu'elles y rencontreront[1].

14. Prenez bien garde qu'elles n'ayent des secrets et des societés avec d'autres filles des dames qui vous peuvent hanter, si vous n'estes asseurée de leur vertu: et sans cela faites qu'il y ait toûjours quelqu'une de vos femmes à qui vous ayez confiance, qui entre dans la conversation, ou qui les écoute[2]. Car il arrive bien des maux par là , sans compter les propositions de mariage, qui préviennent les filles d'inclination ou d'aversion contre la volonté de leurs parens.

15. Ne mariez jamais vos filles pour suivre seulement leur inclination[3]: mais aussi ne les forcez jamais d'épouser personne pour qui elles ayent une aversion invincible[4], quand même on n'y verroit pas de sujet bien raisonnable, et ce que je dis en cela pour vos filles, je le dis aussi pour vos garçons.

---

1 Avant de s'engager dans une vocation quelconque, il faut se mettre en état de connaître la volonté de Dieu, dit Coustel, in *Les regles de l'éducation des enfans*, t. II, Part. IV, ch. 9, p. 392-412: «Il ne s'agit [...] pas dans le choix d'un état, de considerer simplement s'il est bon en luy-mesme: mais il faut bien examiner s'il est bon par rapport à nous; si Dieu nous y veut, & s'il nous a donné des talens pour pouvoir nous en acquiter ... La difficulté qui se trouve dans ce choix pour les parens est de bien discerner ce que Dieu demande d'eux, d'avec ce qu'ils veulent eux-mesmes. Car ils ne consultent le plus souvent que deux Conseilleres, également aveugles & imperieures, qui sont leur avarice, & leur ambition; & ils n'ont aucun egard à ce que leur pourroient dire la raison & leur conscience, s'ils les vouloient écouter» (p. 396 & 398). Sur la question des vocations, voir Paris, *Marriage in XVIIth-Century Catholicism*, p. 69-94.

2 Dans le *Livre des trois Vertus* (Part. I, ch. 25), c'est la gouvernante qui veille jalousement sur la vertu de la jeune princesse et décourage à l'occasion l'amant qui s'enhardit jusqu'à tenter de lui faire une déclaration d'amour.

3 On rappelle fréquemment dans les manuels d'éducation que les filles doivent se soumettre à l'autorité de leurs parents, de leurs proches ou des amis de la famille et s'accommoderont tant bien que mal de plans matrimoniaux échaffaudés par la génération précédente. On voit là le rôle essentiel joué par la mère dans la société patriarcale d'Ancien Régime. Voir encore à titre d'exemple Anne de France, *Enseignemens*, p. 38.

4 Jeanne de Schomberg parle ici en connaissance de cause, cf. Introduction.

ARTICLE X

Pour maintenir la paix dans la famille, et avec les autres

1. Vous sçavez, ma chere Fille, la promesse que JESUS-CHRIST a faite aux pacifiques, qui n'est pas moindre que d'estre faits enfans de Dieu[1]. Souvenez vous donc que vous devez procurer la paix avec grand soin premierement en vous même, et après entre toutes les personnes sur qui vous aurez du credit, afin d'obtenir la grace d'estre adoptée de ce Pere celeste et de ressembler à JESUS-CHRIST son fils qui s'est anéanti et a donné sa vie pour nostre reconciliation.

2. Mais vous ne sauriez avoir la paix en vous même, si vos passions ne sont soumises à vostre raison, et vostre raison à Dieu; et cela estant ainsi les troubles du dedans et du dehors ne vous ôteront point cette paix interieure; et vostre conscience vous rendra témoignage de l'état où vous serez pour ce regard, si vous prenez le soin et le temps de luy en demander compte tous les jours, et de déraciner toutes les choses qui vous pourroient empescher d'estre dans cet heureux ordre qui donne le vray repos[2].

3. Si vous souhaitez donc veritablement la paix, vous essayerez d'obeïr à Dieu en tout, de n'avoir ni envie ni desir du bien d'autruy; d'estre humble jusqu'à croire que l'on ne vous fait pas grand tort quand on manque envers vous à quelque chose; d'estre

---

1 Mt 5, 9.

2 Sur l'importance de la connaissance de soi à laquelle on parvient par l'examen de conscience, cf. *Réglement pour les enfants*, Part. II, art. 4, in *Lettres, opuscules et mémoires*, p. 271: «On doit fort exhorter les enfants à se connaître elles-mêmes, leurs inclinations, leurs vices et leurs passions, et sonder jusqu'à la racine de leurs défauts. Il est bon aussi qu'elles connaissent à quoi leur naturel les porte, afin de retrancher en elles ce qui peut déplaire à Dieu, et changer leurs inclinations naturelles en spirituelles».

douce pour ne parler aigrement à qui que ce soit, pas même quand il faut parler avec force.

4. Vous ne vous informerez point des fautes de ceux de qui vous n'aurez point à répondre, et vous rendrez à chacun ce qui luy appartient[1]; car ce sont les principales choses qui vous maintiendront en paix exterieurement et interieurement.

5. Si l'on parle mal de quelqu'un devant vous sans que vous le puissiez empêcher, Mr de Genêve[2] vous apprendra dans sa Philothée[3] ce qu'il faut faire en de semblables occasions[4]: et je vous diray seulement que vous n'alliez point raconter ces choses là à d'autres, ni faire valoir les réponses à la personne que vous aurez defenduë, car c'est de là que viennent la pluspart des troubles que l'on sent en soy même, et que l'on cause à autruy.

6. Ne faites point d'amitié particuliere avec des personnes bizarres ou médisantes[5].

7. Ne parlez point aux étrangers, sans grand besoin, des brouilleries qui peuvent arriver parmi vos proches; et prenez tout le soin possible pour empescher les sujets de division parmi eux, en leur rendant justice dans leurs prétentions quand cela dépend de

---

1 Mt 22, 21; Mc 12, 17; Lc 20, 25; Rm 13, 7.

2 Note imprimée: «Il n'estoit pas encore declaré Saint, quand cet Ecrit fut fait. Il n'estoit mesme pour lors ni canonisé, ni beatifié». 1718, coll. Berriot, note manuscrite: «ainsi c'est écrit avant 1659». 1779, éd. Vve Méquignon & Méquignon Junior, note imprimée: St. François de Sales entre parenthèses.

3 Cf. *Introduction*, nom de la jeune femme à qui F. de Sales s'adresse. On en conclut que l'ouvrage s'adressait exclusivement aux femmes, ce qui explique peut-être pourquoi l'auteur destine le *Traité de l'amour de Dieu* à un homme nommé Théotime.

4 Cf. *Introduction*, Part. III, ch. 29, p. 242: «Quand vous oyes mal dire, rendés douteuse l'accusation, si vous le pouves faire justement; si vous ne pouves pas, excuses l'intention de l'accusé; que si cela ne se peut, tesmoignes de la compassion sur luy, escartes ce propos-la ... Rappellés a soy le mesdisant par quelque douce maniere; dites quelque autre bien de la personne offensee si vous le sçaves».

5 Voir aussi *Introduction*, Part. III, ch. 29. Recommandation fréquente dans la littérature didactique féminine, voir par exemple le *Livre des trois Vertus*, Part. II, ch. 6, 7 et 8.

vous, en leur procurant même des graces, en les excusant, en cachant leur foible, en écoutant doucement leurs plaintes, pour les consoler, ou pour trouver remède à la cause de leurs maux, et en ne redisant jamais les choses qui les pourroient aigrir les uns contre les autres.

8. Si vous avez necessairement à vivre avec des gens difficiles, croyez qu'une des choses la plus agreable à Dieu, sera de souffrir de leur humeur, de porter leurs fardeaux comme il l'ordonne, et de ne point vivre froidement avec eux quand cela est passé, mais de leur dire alors doucement vos raisons, s'ils en sont capables.

9. Ne souffrez point de domestiques bizarres ni cabaleurs dans vostre maison, non plus que des vicieux publics, s'il dépend de vous de les ôter.

10. Aidez à mettre aussi la paix dans vos terres parmi vos amis, et vos voisins, et ayez soin de faire voir et vuider le fond de leurs differends par des gens-de-bien et capables, en qui ils puissent avoir creance, afin d'ôter les sujets de division entr'eux[1].

11. N'adherez point à vos inclinations ni à vos aversions, pour soutenir les uns et blâmer les autres; mais ayez égard seulement aux raisons des parties.

12. Ce n'est pas assez de n'agir jamais en cela selon nos inclinations ou nos aversions naturelles: mais il ne faut pas desirer que l'on nous juge nous mêmes par cette inclination, de peur qu'elle ne l'emporte sur la justice; car ce seroit un veritable sujet de trouble.

---

[1] La mission conciliatrice assignée ici à la dame terrienne rappelle le rôle assigné à la princesse par Christine de Pisan dans le *Livre des trois Vertus* (ch. 35). On retrouve dans l'image de la femme médiatrice, compatissante envers toutes les souffrances, la figure idéale de la Vierge qui continue d'être au dix-septième siècle le modèle féminin par excellence. Cf. Charles Flachaire, *La dévotion à la Vierge dans la littérature catholique au commencement du XVIIe siècle.*

ARTICLE XI

Sur la maniere de vivre avec les Domestiques

1. Vous savez, ma chere Fille, que vos domestiques sont de même nature et de même qualité que vous devant Dieu, puisqu'ils viennent aussi bien que vous d'Eve et d'Adam; qu'ainsi leurs ancestres ont esté aussi grands que les vostres; qu'ils sont regenerez par JESUS-CHRIST[1]; que s'ils sont plus vertueux que vous, ils auront durant toute l'éternité une place plus eminente dans la gloire; et qu'il n'y a que les historiens, les titres, la memoire des hommes, les emplois et le bien qui ayent manqué à leur race, pour les faire voir aussi nobles que vous.

2. Ainsi en même temps qu'ils vous rendent le respect et l'honneur qu'ils vous doivent, vous les devez traiter d'egaux dans vostre coeur en leur commandant, et les regarder comme des gens que Dieu a réduits en ce monde dans l'état de servitude pour aider vostre infirmité durant que vous remediez à leur misere, et qu'ils doivent gagner le ciel par cette humiliation comme vous le devez gagner par le soin que vous prendrez de leur conduite[2]. Dieu nous oblige donc ainsi à des devoirs mutuels les uns envers les autres[3].

---

1 Une idée fréquemment invoquée par les moralistes et théologiens de l'époque, cf. entre autres, Fortin, *Testament*, Part. III, ch. 5, p. 288.

2 Pr 3, 34; Mt 18, 4; 23, 12. Cf. le P. d'Outreman, *Le vray pedagogue chrestien*, p. 91sq.

3 Sur les devoirs réciproques des maîtres et des serviteurs cf. Lv 25, 43 et 53; Ep 6, 5-9; Col 4, 1; s. Vincent de Paul, 5ème sermon, in *Sermons*, t. I, p. 111-12: «Les maîtres offensent Dieu lorsqu'ils maltraitent leurs serviteurs de paroles ou de coups sans raison ... lorsqu'ils leur refusent l'instruction chrétienne ou les moyens de l'acquérir; qu'ils n'ont pas soin de les envoyer au service divin, qu'ils ne leur donnent pas le temps de prier Dieu soir et matin, d'assister aux prédications et de communier; quand ... ils les abandonnent dans leurs maladies, leur refusent leur juste salaire, ne veillent pas sur leurs actions et ne les corrigent

C'est pourquoy il faut considerer souvent que vous leur devez autant qu'ils vous doivent, quoiqu'en differente façon.

3. Vous leur devez l'amitié et la reconnoissance pour les services qu'ils vous rendent[1], comme ils vous doivent l'un et l'autre pour le soulagement et la protection que vous leur donnez.

4. Vous leur devez vos soins pour leur ame par la priere pour eux, par l'instruction[2], le bon exemple[3], et la correction: et ils doivent avoir soin de la vostre, en priant aussi Dieu pour vous, et en vous ôtant, selon leur pouvoir, tous les sujets de trouble et de colere.

5. Vous devez avoir soin de leur corps dans la santé[4], pour ne les peiner ni trop ni trop peu, et dans la maladie pour les faire secourir avec soin: et ils vous doivent tous les services que leur force et leur addresse est capable de vous rendre en ces deux états.

6. Vous devez leur donner des gages honnêtes, et leur assurer même quelque chose pour l'avenir selon qu'ils vous auront esté fidelles et affectionnés; qu'ils auront negligé leurs interests pour les vostres, et qu'ils vous auront servi longtemps utilement: et ils doivent conserver vostre bien, et en avoir soin comme du leur propre, sans épargner ni leur soin ni leur temps, ni leur peine pour vostre service.

7. Enfin vous leur devez l'édification jusqu'au point de ne faire non seulement rien de criminel devant eux, mais même rien d'indecent ni de foible; afin qu'ils conservent pour vous un respect

---

pas dans le besoin. Ce sont là, maîtres et maîtresses, des obligations essentielles à votre vocation; malheur à vous si vous ne vous en acquittez pas! car le souverain Maître du ciel vous en punira terriblement, comme il nous l'apprend lui-même au chapitre VI de la Sagesse». Il semble que Jeanne de Schomberg se soit acquittée de ces devoirs, cf. *Reglement* II, «Pour nos domestiques».

1 Cf. Coustel, *Les regles de l'éducation des enfans*, t. I, Part. I, p. 373: «[Vous leur devez] douceur, affabilité, bienfaits, temoignages d'affection».

2 Cf. Coustel, *Les regles de l'éducation des enfans*, t. I, Part. I, p. 381.

3 Cf. Coustel, *Les regles de l'éducation des enfans*, t. I, Part. I, p. 379.

4 Cf. Coustel, *Les regles de l'éducation des enfans*, t. I, Part. I, p. 382: «Ne leur refusez pas le necessaire pour ce qui est de la nourriture et du vestement».

et une estime qui les maintienne en leur devoir, et ils doivent edifier vostre maison et les étrangers par la douceur, la modestie et la civilité, dont leur bonne vie doit estre accompagnée.

8. Il faut leur ôter, autant qu'il se peut, tout pretexte et tout moyen d'estre tentés de vous voler, principalement à ceux qui ont quelque chose en charge, veillant sur leurs emplois, et les faisant veiller par des gens desinteressés, capables, et fidelles, si Dieu vous fait la grace d'en rencontrer, qui ayent toutes ces qualités.

9. Il faut leur paroistre douce et compatissante dans leurs peines, et d'un facile abord, quand il est besoin qu'ils parlent à vous: mais ne vous rendez pas trop familiere; car ayant la douceur que vous avez et qu'il faut conserver, il est besoin que le respect qu'ils auront pour vous, leur fasse peser vos paroles de correction autant que les injures et les crieries des personnes emportées et coleres.

10. C'est une erreur de croire qu'il faille aigrir les personnes par des paroles picquantes pour les disposer à l'amendement dans le fond du coeur: car ce n'est pas le moyen de persuader, et il ne faut se servir de cette voie, que quand ils répondent avec opiniâtreté ou insolence; car autrement ils seront plus humiliés et plus convaincus de leur faute, quand vous leur parlerez avec raison et fermeté, qu'ils ne le seroient par l'aigreur de la colere qui se passe promptement, et dont il ne reste rien d'ordinaire dans l'esprit de ceux à qui l'on parle en cet état[1].

11. Si vous ne les pouvez corriger par des remontrances fermes et réïterées, et qu'ils ayent de grands défauts dans l'humeur, ou dans la conduitte, ne les gardez pas fort longtemps[2]. Car je n'ay

---

1 Douceur et appel à la raison, tels sont les principes appliqués dans l'éducation des enfants, cf. n. 112. Dans son *Testament* (Part. III, ch. 5, p. 291-92), Fortin préconise la «sage ignorance»: «Pour le repos commun du Maistre & du serviteur, il est souvent necessaire que le premier soit aveugle, & que l'autre soit sourd. Un Maistre trop clair-voyant ne manquera jamais de nouvelle occasion de se fascher, s'il observe ses serviteurs de trop prés; il doit négliger ou ne faire pas semblant de voir une partie de leurs fautes ...»

2 Cf. Fortin, *Testament*, Part. III, ch. 5, p. 293: «Il y a fort peu de fautes ausquelles un Maistre ne doive estre indulgent, qu'en celles qui se font contre luy

que trop eprouvé que la pitié, ou la peine que l'on a à changer est nuisible en ce cas aux autres par l'exemple, et à nous parce qu'ils comptent leur temps pour des services, et crient s'ils ne sont recompensés sur ce pied là .

12. Mais quand ils ont fait des fautes publiques, capables de donner du scandale ou du mauvais exemple à vostre maison, il ne faut pas avoir tant d'égard à les persuader, qu'à les châtier, et à satisfaire les autres: et ainsi il faut les reprendre en public non seulement avec force, mais avec rudesse pour les châtier, et pour édifier les autres, qui craindront une pareille confusion.

13. Ecoutez les avis qu'ils vous donneront de ce qui se passe dans vostre maison; mais gardez vous bien de les croire, que vous ne l'ayez bien examiné. Car ceux qui ne sont pas vertueux, vous parleront selon leur haine ou leur amitié, ou la pente qu'ils croiront que vous avez, et les plus gens-de-bien même se peuvent préoccuper ou se tromper sur de fausses apparences. Mais ne leur fermez pas la bouche par un rebut qui les empesche de vous avertir une autre fois, et ne negligez point de vous informer des avis qu'ils vous donnent, avec soin et diligence; car autrement vous prendriez part aux fautes dont on vous avertiroit.

14. Ne vous servez point, si vous pouvez, de gens mariés, s'ils n'ont quelque bien pour nourrir leur famille, ou que vous n'en ayez assez pour y subvenir; car c'est leur donner une grande tentation de voler, quand il leur doit passer quelque chose par les mains, ou de murmurer et de se plaindre, quand ils n'en peuvent prendre, outre que leur famille emporte quasi tout leur temps et tout leur soin.

15. Donnez leur à tous en entrant un ordre écrit de la fonction que vous voulez qu'ils fassent, et de la condition avec laquelle vous les prenez, et le leur faites signer; parce qu'après avoir esté quelque temps dans la maison, ils croyent qu'on ne s'en souvient plus, et

---

par deliberation, & en celles où il y va de l'offense de Dieu. Alors, ce n'est plus simplement une faute, c'est un vice ou malignité; quand cela est, quelque utile que puisse estre un serviteur, chasse-le, s'il n'est assez jeune pour esperer de l'amandement». L'auteur juge que le jeu, le cabaret et la débauche des femmes sont des vices impardonnables.

portant leurs prétentions bien plus haut, ils negligent ce qu'ils doivent faire.

16. Ne les chargez jamais de travail plus fort pour le corps ou pour l'esprit qu'ils ne sont capables d'en porter; et pour cela essayez de connoistre leur portée en les éprouvant.

17. Quand ils seront malades, ayez grand soin de les faire traitter, de vous informer tous les jours de l'état où ils sont, quand vous n'y pourrez aller vous même; de les separer des autres, depeur qu'ils n'ayent trop de bruit, ou qu'ils ne communiquent leur mal; de leur donner des gardes dans leur besoin, et tout ce qui peut leur estre necessaire.

18. Faites les coucher dans des lits separés, même au temps de leur santé en tous les lieux où vous le pourrez; car cela est extrêmement necessaire.

19. Quand ils vous auront rendu des services extraordinaires et considerables, faites leur quelque present ou public ou caché, selon que la prudence vous le fera juger necessaire ou nuisible aux autres.

20. Quand vous aurez besoin d'en prendre, demandez bien à Dieu, qu'il vous en addresse de tels qu'il faut pour les places qui sont à remplir, afin qu'ils se puissent sauver dans ces emplois et aider les autres.

21. Ne les prenez pas sur leur bonne mine, comme fait la plus part du monde, ni de la main de gens qui ne soient pas judicieux, veritables, et affectionnés à vos interests; car tous les autres les donnent pour se décharger ou de frais ou d'importunités, ou pour obliger des gens qu'ils placent, ou pour montrer leur crédit auprès de vous, ou pour d'autres semblables raisons; et même les gens pieux n'en doivent pas estre crûs, s'ils n'ont ces trois conditions que je vous ay marquées.

22. Sur tout prenez bien garde aux femmes que vous prendrez; et si vous pouvez, n'en prenez jamais, dont vous n'ayez connu l'esprit et l'humeur assez longtemps auparavant, ou au moins que ceux à qui vous vous fierez, ne l'ayent fait. Car il n'en faut qu'une

malicieuse, coquette, ou intrigante pour renverser vostre maison; et il est toujours fort fâcheux d'en changer.

23. Ne les prenez point fort jeunes, car l'on ne sçait encore ce que ce sera; ni fort belles, parceque ceux qui les trouveront telles perdront leur esprit par leurs flatteries s'ils ne les peuvent perdre autrement. Et à moins qu'elles fussent des anges, elles deviendront orgueilleuses, et feront d'étranges caballes et des soulevemens dans vostre maison; outre qu'elles vous assujettiront à observer très exactement leur conduitte; ce qui vous fera peut estre haïr de quelque prétendant qui aura pouvoir sur Monsieur vostre mary.

24. Et quand celles que vous aurez, auront, malgré vos soins, des cabales ou des confidences suspectes, ôtez les sous d'autres pretextes, sans attendre que le mal aille plus avant. Mais si elles sont pauvres, donnez leur quelque chose selon le temps qu'elles vous auront servie, pour leur aider à attendre qu'elles ayent trouvé une retraitte, depeur qu'elles ne se perdent.

25. Prenez en autant que vous pourrez, de celles qui sont ou par l'âge ou par la vertu hors des prétentions du mariage, et qui n'ont point d'enfans; car autrement leur soin est trop partagé, et leur fidelité moins à l'epreuve.

ARTICLE XII

Sur les Rangs

1. Dieu n'a point fait de distinction de rang ni de dignité dans nos personnes. Nos corps sont formés comme ceux des plus pauvres. Ils pouriront comme les leurs, et même durant cette vie un homme de grande condition seul et sans habit, ne se peut distinguer d'un autre du plus bas peuple. Les dignités et les qualités sont des choses separées de nous, et sont de ces dons exterieurs que Dieu attache à une personne ou à une famille pour le temps qu'il luy plaît, et qu'il retire de même[1]. Il faut, ma chere Fille, les regarder comme cela, et songer que ces choses exterieures qui nous distinguent des autres, sont des biens à la verité, mais que Dieu donne aussi aux méchans; que par consequent ils nous deviennent des biens ou des maux selon le bon ou mauvais usage que nous en faisons.

2. Ainsi il faut réprimer fort soigneusement les pensées d'orgueil qui nous en viennent[2], considerant encore que ce n'est point nous qui meritons l'honneur que l'on nous rend pour cela; qu'à proprement parler c'est le don de Dieu qui est respecté en nous, et que nous n'en sommes estimables ni devant luy ni devant ceux qui savent juger des choses, qu'à mesure que nous nous en servons pour l'usage à quoy il l'a destiné.

3. Nous devons neanmoins conserver ce rang et cette dignité, mais seulement pour pouvoir agir avec plus d'autorité à l'égard de nos inferieurs, et avec plus de force et de liberté à l'égard des autres: mais il ne faut pas exceder au soin de cette conservation; et

---

[1] Cf. F. de Sales, *Introduction*, Part. II, ch. 4, p. 148-49. Sur la distinction entre les biens qui sont de nous et les biens qui sont en nous, cf. *Le livre des quatre amours*, Part. II, ch. 21.

[2] 1 Tm 6, 17.

quand on preste la main pour soutenir ce rang, il faut que ce soit sans emportement, et sans desir violent d'y réüssir[1]: autrement ce n'est plus seulement l'ordre que nous voulons garder, mais c'est l'orgueil que nous voulons faire triompher en nous, sans songer à l'avertissement que JESUS-CHRIST nous donne, que ceux qui veulent estre les premiers contre les desseins de Dieu, seront un jour du nombre des derniers[2].

4. Et pour vous donner quelque lumiere de la façon dont vous en pouvez user dans le monde où vous estes liée, je vous vais dire en detail ce qu'il m'en semble, dont vous demanderez avis comme du reste à des gens plus capables que moy.

5. Pour les superieures en rang et en dignité, il n'est pas difficile de se resoudre de ceder à celles-là [3]: mais il faut bien essayer que le coeur s'accorde à ce qu'on est obligé de leur rendre, et que l'envie que l'on a contr'elles de les voir au dessus de soy, ne fasse point parler avec mépris de leur personne, pour se soulager du dépit que l'on a de leur rang; ce qui arrive souvent à ceux qui ne considerent pas que c'est Dieu qui dispose les choses ainsi; que toutes les dignités sont un petit rayon de sa grandeur; et que tout l'honneur que l'on rend à ceux qui sont plus élevés que nous, ne doit pas se terminer à eux, mais passer par eux pour aller à Dieu qui merite seul d'estre honoré en toutes choses.

6. Pour les égales il n'y a pas non plus de difficulté, parce que celles qui ont un rang reglé savent toujours devant et après qui elles doivent passer, et il n'y a qu'à prendre toujours garde que nostre coeur ne resiste point à la necessité qui nous fait ceder aux unes, ou qu'il ne s'éleve point quand nous devons passer devant les autres.

---

1 Cf. *Introduction*, Part. III, ch. 4, p. 150: «[I]l faut que chacun conserve ce qui lui appartient, avec une prudence et discretion qui soit accompagnée de charité et courtoisie».

2 Mt 19, 30; 20, 16; Mc 10, 31; Lc 13, 20.

3 Cf. Courtin, *Nouveau traité de la civilité françoise*, ch. XII, dans lequel sont énumérées les règles de conduite avec les personnes de rangs différents lors des visites rendues ou reçues.

7. Pour celles qui nous sont inferieures et qui n'ont point de rang, il leur faut faire tout l'honneur que leur condition merite. Si elles en ont un qui soit un peu considerable, l'on n'en peut estre embarassée que chez soy, quand on a un rang reglé: mais il faut en cela que la prudence nous aide à faire ces distinctions, et nous mesurer sur le rang qu'elles tiennent parmi les autres dans la province où l'on est, ou selon que les traittent les plus raisonnables de nostre condition, ou selon que ceux de nostre maison ont accoutumé de faire dans le même pays où ils demeurent.

8. Pour ceux qui n'ont ni qualité ni dignité tant soit peu considerable, il les faut traiter avec bonté et civilité[1]; mais il ne leur faut pas faire plus d'honneur que leur condition n'en merite, afin de ne contribuer pas à leur donner de la vanité, et à leur faire prendre des avantages sur ceux de leur sorte.

9. Pour les inferieurs nos sujets, s'il est besoin de faire paroître quelque éclat de dignité, c'est principalement à eux; car le peuple ne se touche d'ordinaire naturellement de crainte et de respect que par ces sortes de choses; et il faut mettre tous les dons de Dieu en oeuvre, pour les tenir dans l'ordre[2], autant que l'on peut, pourveu que l'orgueil n'en prenne rien pour luy.

10. Il faut neanmoins faire voir la douceur et l'humilité du coeur avec l'autorité de la condition, parlant civilement et doucement à eux lors qu'ils n'ont point fait de faute qui nous oblige à agir d'une autre sorte, ou qu'ils ne sont pas capables d'en abuser.

11. Mais quand ce sera pour maintenir l'ordre de Dieu, que nous garderons ainsi nostre rang, nous ne nous aigrirons point contre ceux qui ne nous rendront pas ce que nous croyons qu'ils nous doivent, considerant que si c'est un tort fait à nostre dignité, c'est une justice pour nostre personne qui ne merite pas d'estre

---

1 Cf. Courtin, *Nouveau traité de la civilité françoise*, ch. XVIII, p. 221: «Les grands Seigneurs peuvent même estre civils à bien meilleur marché que les autres; car à l'égard des inférieurs ils n'ont, sans s'incommoder, qu'à être un peu familiers & caressans, ils passeront pour fort honnestes & fort civils, parce que cette familiarité est obligeante».

2 Cf. s. Augustin, *La Cité de Dieu*, Livre XIX, ch. 17.

élevée pardessus les autres. Mais si cela tire à des consequences fort considerables pour nostre famille, ce qui arrive rarement, il faut essayer d'y remedier par la mediation de gens puissans, ou de se faire regler par le Souverain, à qui il appartient de donner les rangs à ses sujets.

12. Et pour estre toujours bien fondée à soutenir son droit, il ne faut point pretendre de rang qui ne puisse et ne doive estre maintenu, quoique l'on croye avoir des raisons d'en entreprendre un plus haut; autrement l'on s'attire la haine de ceux qui sont au dessus de soy, des égaux, et des inferieurs, et l'on s'expose à la raillerie de tous, quand on entreprend d'en tenir un qui n'est point avoué du Prince et qu'on se veut attribuer de soy même. L'on ne sçauroit aussi s'imaginer l'inquietude, les peines et les mauvaises affaires que cela cause dans les familles. Et de plus on ne peut estre en cela exemt d'une vanité bien criminelle, de se vouloir élever au dessus des autres par sa seule autorité, et sans le consentement de celuy qui donne les rangs, et de ceux qui luy doivent obeïr.

ARTICLE XIII

Sur les Fantaisies, et les Affectations

1. Souvenez vous, ma chere Fille, qu'une personne qui veut estre vertueuse, ne se doit jamais gouverner que par la raison, jusqu'à la moindre chose, et ne suivre sa fantaisie en rien, s'il se peut.

2. Ce que j'appelle fantaisie, c'est la repugnance vraie ou fausse que l'on témoigne avoir par caprice, comme de ne pouvoir souffrir telles personnes, tels mots, telles viandes, telles étoffes, tels lieux, telles applications, et toutes les choses qui ne doivent pas par elles mêmes donner une veritable aversion, et que les autres ne s'avisent poïnt de desaprouver; ou l'attachement ou l'empressement que l'on témoigne avoir pour des choses qui ne le meritent pas.

3. La plus part de ces fantaisies se forment dans l'esprit au commencement par le desir d'avoir quelque chose d'extraordinaire aussi bien que d'autres que l'on a vû estimer pour des choses estimables que l'on a confonduës dans son enfance avec celles-là .

4. L'affectation[1] est de le faire connoître, de l'exagerer, en disant qu'on est malade de les voir ou d'en parler; ou de s'en passer quand on ne peut souffrir cela, et semblables folles delicatesses: au lieu de cacher ces defauts, s'ils ont déja fait impression en nous, ou de les vaincre s'ils sont guerissables; afin que la raison regne sur toutes choses dans nostre esprit, puisque c'est le plus grand don naturel que Dieu nous ait fait, et le seul propre à recevoir sa lumiere et sa veritable sagesse.

---

[1] Cf. *Stances* tirées des *Veritez chrestiennes*, in *Recueil de poesies chrêtiennes et diverses*, p. 183, stances LXXX, *Contre l'affeterie*:

> Ces discours affetez, ces sousris dédaigneux,
> Et ces regards conduits avec tant d'artifice,
> Sont du roy des demons le plus dangereux art.

5. Ces fantaisies-là prennent une telle racine dans l'esprit à force de les nourrir et de les flatter, que l'on en sent à la fin de grandes incommodités; car elles nous rendent insupportables de certaines compagnies necessaires à souffrir, de certaines demeures où l'on est obligé d'estre, des applications que l'on doit avoir, des privations peu importantes, et quantité d'autres choses qu'il n'est pas à nostre choix d'éviter ou d'avoir, et que nous devons même nous procurer ou fuir en plusieurs rencontres.

6. Rendez donc vostre humeur la plus aisée et la plus égale que vos pourrez en tout cela, et demandez à Dieu ce don comme estant plus important qu'il ne semble à la plus part du monde.

7. Beaucoup de femmes affectent ces fantaisies, et même s'en vantent au lieu de les cacher, leur amour-propre allant jusqu'à un tel point, qu'elles s'imaginent que l'on approuve leurs bizarreries; que l'on croit qu'elles sentent la plus part de ces choses, parcequ'elles ont le goust plus delicat que d'autres; et qu'elles s'en vantent, parce qu'elles sont franches: mais au contraire cela signifie qu'elles sont foibles à sentir et à dire les choses sans raison, et malhabiles à croire qu'on les en estime.

8. Il y a entr'autres une fantaisie fort dangereuse, qui est d'estimer certains vices ou defauts sous le titre de vertu, et de louer ceux qui les ont, comme, par exemple, de dire et croire que les hommes sont francs, quand ils sont médisans ou legers à reveler les secrets; qu'ils sont braves et hardis quand ils sont brutaux et violens; qu'ils ont un coeur fort élevé et fort bien placé quand ils ont une ambition demesurée et une envie furieuse contre ceux qui les devancent; qu'ils sont vrais amis quand ils manquent à tous leurs premiers devoirs pour servir leurs amis à leur mode, pour suivre leur passion, et autres choses semblables.

9. La fantaisie contraire est de prendre des vertus pour des vices, ou d'entreprendre de les blâmer même contre sa pensée. Le premier vient d'avoir laissé gâter son coeur par ces bizarreries, et le second de ce qu'on se tient capable de faire changer l'estime des choses en témoignant son sentiment, et pour essayer d'étouffer par

cette hardiesse le reproche des vices contraires que l'on sent en soy ou en ses amis, ou pour flatter quelque personne presente.

10. Et c'est de toutes ces sottises que j'espere, ma chere Fille, que Dieu vous garantira toujours, car cela ne peut s'establir ni subsister que dans les ames foibles, legeres, superficielles et vaines: et jusqu'à cette heure je n'ay rien veu en vous qui me donne sujet de craindre cela pour vous: mais il ne faut pas laisser de veiller, et de demander à Dieu qu'il vous affermisse dans l'amour et dans la connoissance de ce qui est solide et bon.

ARTICLE XIV

Pour les Affaires

1. Les affaires des grandes maisons sont de cinq sortes, ce me semble.

Celles qui regardent la Cour, les charges et les emplois.

Celles des procès ou autres affaires qui vont à demander ou à défendre son bien.

Celles qui regardent l'oeconomie et le dedans de la maison.

Celles du public et des particuliers ausquelles la justice et la charité engagent de prendre part ceux qui ont du credit ou des terres.

Et les bons offices que l'on demande de nous.

2. Pour celles des charges et emplois, elles doivent estre entierement au soin des maris: c'est pourquoy je n'en diray rien icy, si ce n'est que leurs femmes les doivent avertir soigneusement en particulier de toutes les choses injustes qui se pourroient faire par eux ou sous leur autorité, pour leur interest, ou pour celuy des personnes qui servent sous eux: et pour cela elles se doivent instruire secrettement des droits legitimes des charges et des emplois selon leur capacité; car si elles le negligeoient, elles auroient part à la grande malediction des familles qui acquierent du bien injustement: mais il faut bien qu'elles se gardent d'en parler en public, ni d'affecter de faire paroître qu'elles s'en meslent.

3. Pour ce qui regarde les procès[1] et affaires de la maison, ils y doivent tous deux avoir égard; et si M^r^ vostre mari se veut exemter

---

[1] Cf. Coustel, *Les regles de l'éducation des enfans*, t. I, Part. II, p. 387-88: «Il faut toûjours faire son possible pour éviter les procès, soit en relaschant quelque chose de ses pretentions; soit en se soûmettant à des arbitres; soit enfin en considérant qu'outre la perte du bien, de son temps, & de son repos, rien n'est si humiliant & si fascheux, que les bassesses qu'il faut souvent faire». Quand les

du détail de ces choses là , et vous en laisser la charge, je croy, ma chere Fille, que vous devez en user de cette sorte.

4. Il faudra que vous choisissiez avec luy un homme-de-bien pour conseil de vostre maison, auquel vous puissiez tous deux avoir beaucoup de confiance[1]; car s'il n'est approuvé de tous les deux, il ne pourra servir utilement dans vos affaires.

5. L'on doit essayer de le connoître avant que de s'y fier tout-à -fait, et luy faire plusieurs consultations, pour voir s'il va droit et par les voies les plus sures et les plus courtes.

6. Avant que d'en arrêter le choix vous en devez demander un à Dieu de tout vostre coeur, et vous en informer à plusieurs des plus gens-de-bien de vostre connoissance et des plus habiles soit du Parlement, du Conseil, ou d'ailleurs; car ce choix est très important.

7. Quand il aura esté arrêté, il faut luy donner un état de vos affaires presentes, et luy en faire lire les registres anciens, afin qu'il en voye la suitte, et qu'il remette sur le tapis celles qui n'auront pas esté achevées ou par negligence ou par oubly.

8. Après il le faut engager par d'honnêtes appointemens à s'assembler chez vous un jour prefix toutes les semaines, et obliger vostre Intendant et ceux qui travailleront sous eux dans vos affaires tant domestiques que procureurs, de s'y trouver, pour luy rendre compte des affaires qu'ils ont en charge, et vous vous y devez trouver Mr vostre Mary et vous autant que vous pourrez.

9. Les deliberations de ce petit conseil doivent estre signées de celuy qui en sera le chef, et écrites dans deux grands registres, dont

---

procès sont inévitables, ajoute l'auteur, «il faut esperer que Dieu qui nous y a engagez, nous conduira heureusement au port». Voir aussi Fortin, *Testament*, Part. II, ch. 26, p. 187: «Si on vous en intente quelqu'un, taschez d'en sortir à l'amiable, & relaschez plustost quelque chose du vostre».

1 Sur ce choix, cf. Fortin, *Testament*, Part. II, ch. 26, p. 187-88 et l'auteur d'ajouter: «Je suis d'advis aussi que vous taschiez d'avoir quelques notions generales de vostre coustumier, afin que vous ne tombiez pas si aveuglement sous la direction de ceux ausquels vous commettrez le soin de vos affaires, que vous ne puissiez bien connoistre s'ils s'en acquitent fidellement ou non, regardez les avec attention».

l'un doit demeurer entre les mains de l'Intendant, et l'autre estre gardé par le maistre ou la maistresse de la maison qui se mesle des affaires. Et comme il faut que ceux qui travaillent à l'execution des choses resoluës, soit domestiques, procureurs et autres, se souviennent de ce qu'on leur ordonne, et sçachent de quoy ils seront particulierement chargés, il faut leur donner à chacun un extrait de ce qui les regarde, afin qu'ils rendent compte au commencement de la premiere assemblée, et que rien ne soit oublié; car sans cet ordre j'ay trop experimenté que l'on ne fait rien de bien.

10. Quand les registres sont pleins, il en faut extraire l'état où les choses sont demeurées, pour le mettre sur le registre que l'on recommence, et serrer soigneusement au trésor des papiers celuy qui est plein.

11. Tous les actes que l'on fait qui ne seront pas ordonnés en cette petite assemblée et écrits sur le registre, doivent estre signés des gens d'affaires qui les dressent et conseillent, afin que s'il y a quelque chose de mal, ils en répondent.

12. Quand on trouve par l'avis de ce conseil, qu'il est besoin d'entreprendre quelque procès en demandant ou en défendant, il est bon d'y ajoûter encore un conseil extraordinaire de quelque habile homme de probité, afin d'estre plus assuré de la justice de sa cause.

13. Après il faut essayer avec eux tous, de voir s'il n'y auroit point de propositions à faire. S'il y en peut avoir, il faut trouver quelque amy commun, qui essaye de ménager pour cela l'esprit de la partie, et se résoudre même à quitter quelque chose du sien pour le bien de la paix, et pour conserver la charité dans le coeur de nostre prochain comme dans le nostre.

14. Si les personnes que cela regarde, ne veulent point d'accommodement, il faut au moins ordonner à ses gens de n'offenser les parties adverses ni de paroles ni par écrit, de n'alleguer rien que de vray, et ne celer ni papiers ni autres choses qui puissent servir décisivement aux droits de nos dites parties.

15. Il faut aussi leur faire témoigner par quelqu'un de leurs amis, que l'on est bien marri d'avoir à plaider contr'eux; qu'on n'en

aura de son côté ni haine ni aversion; que si on savoit avoir tort, on se condamneroit soy même, et ensuitte essayer à vivre avec eux comme avant le procès. Car il ne faut pas seulement avoir soin d'éviter en cette occasion et en toute autre les froideurs et les haines qui vous pourroient venir, mais il faut faire tout vostre pouvoir, pour les ôter aux autres par le soin que nous devons prendre de l'ame de nostre prochain.

16. Et nous devons avoir tant d'égards pour cela en toutes rencontres, que si nous connoissons que quelqu'un ait aversion pour nous, il faut avoir soin d'en chercher la cause pour la diminuer si nous pouvons. Et comme la pluspart des aversions viennent, ou de ce qu'on ne croit pas estre aimé de ceux pour qui on en a, ou de la gloire qu'on croit qu'ils ont, ou de la jalousie que l'on a contr'eux, ou pour l'empressement qu'ils témoignent avoir pour la faveur des puissans, ou pour les autres avantages que l'on pretend pour soy, il est aisé d'ôter au prochain une partie de cette peine en s'humiliant devant eux, en prenant soin de témoigner en faire cas, en se retirant devant eux de ceux dont ils nous envient l'amitié, en ne nous faisant pas de feste dans les choses où ils veulent avoir part, et même en agissant et parlant fort peu devant eux, si nos paroles ou nos actions indifferentes leur déplaisent. Et ne prenez pas cela pour une bassesse de coeur et d'esprit; car c'est une des plus grandes preuves que vous puissiez avoir de la force et de la bonté de vostre ame; outre que la plus part de ces égards se passent dans nostre interieur, pour plaire à Dieu seul, et s'échappent aux yeux et à l'examen des critiques, qui après tout n'en sauroient tirer qu'un sujet de louange pour vous.

ARTICLE XV

Pour les Affaires qui regardent l'économie du dedans de la Maison

1. C'est principalement à cela qu'il semble que les femmes se doivent appliquer, le détail de ce ménage estant trop importun pour un homme de condition qui a d'autres emplois, quoiqu'il en doive necessairement estre informé en general, afin qu'il puisse regler sa dépense selon son bien, et ne s'embarquer pas dans des affaires dont il ne puisse sortir.

2. Vous ferez donc tous vos efforts sans empressement, mais avec grand soin, ma chere Fille, pour vous en acquitter dignement, c'est à dire sans avarice et sans prodigalité, considerant le bien de vostre maison comme un dépost que Dieu vous a mis entre les mains, et dont vous estes responsable envers luy, envers vostre mary, vos enfans, vos domestiques, et les pauvres qui doivent avoir ce que vous depenseriez au delà du besoin, comme je vous ay dit ailleurs.

3. Vous aurez grand soin de demander à Dieu l'esprit d'intelligence, de conseil et de force; car ces qualités vous seront necessaires pour cela.

4. La premiere chose qu'il faut faire ensuite, est un état de vostre revenu certain. Vous ferez aussi l'état des rentes que vous devrez, et celuy des dépenses et charges de chaque terre, afin d'ôter l'un et l'autre dudit revenu certain, dont vous pourrez disposer pour la dépense de vostre maison; car sans cela vous vous tromperez assurément en reglant vostre dépense sur vostre recette, et vous accumulerez vos dettes et vos charges, parce que vous disposerez de ces fonds là , si vous ne les laissez toujours à part.

5. Après, vous ferez sur ce qui vous reste un projet de la dépense de vostre maison. Vous le diviserez en autant d'articles qu'il y a de sortes de dépenses, et vous essayerez de la faire moindre, s'il se peut, que vostre revenu ordinaire à cause des hazards, des non-valeurs, des pertes, et des diminutions qui arrivent, outre les dépenses inopinées que l'on est quelquefois obligé de faire ou par des voyages, ou par des guerres, ou autres choses.

6. Puis, vous arresterez avec M[r] vostre Mari, et luy ferez signer l'état des noms de vos domestiques, et de la quantité des chevaux qu'il voudra garder, que vous mettrez entre les mains du maistre-d'hôtel, et vous commencerez ainsi vostre état general de dépense par articles.

Etat de la Dépense de l'année

1. Pour la dépense de bouche de tant de domestiques, de tant de chevaux, et de provisions, par estimation . . . Tant
2. Pour les gages des domestiques . . . Tant
3. Pour les habits, linges, dons, menus-plaisirs, et autres dépenses de la personne de Monsieur. Tant
4. Pour ceux de Madame . . . Tant
5. Pour les enfans . . . Tant
6. Pour les habits de livrée . . . Tant
7. Pour l'achat des chevaux et des carrosses, et pour l'entretien de l'écurie au Sellier, Mareschal, Eperonnier et Charron, par estimation, . . . Tant
8. Pour l'extraordinaire, qui consiste en meubles ou linges qu'il faut renouveller, en vaisselle d'argent qu'il faut racommoder, et en beaucoup d'autres choses dont la dépense ne se peut éviter ni prévoir, par estimation . . . Tant
9. Aux Medecins, Chirurgiens, et Apotiquaires, pour les maistres et pour les domestiques, par estimation . . . Tant
10. Pour les frais d'affaires, par estimation. Tant

11. Pour les pauvres, par estimation. . . Tant
12. Par ce projet que vous ferez tous les ans, vous verrez les articles qui sont par estimation, et ceux qui sont arrestés et certains.
13. Pour les premiers qui sont par estimation, il les faut mettre plûtôt trop haut que trop bas, parce qu'on n'en peut faire la dépense que par ordonnance particuliere que vous ne ferez que dans le besoin; et de plus il arrive des dépenses necessaires et inopinées sur ces sortes de projets, que l'on ne peut prévoir. Même vous ne sçauriez faire une estimation raisonnable de ces articles là qu'en faisant vostre compte sur 3. ou 4. années passées, dont vous en composerez une commune, pour mettre plus juste les projets de ces dits articles qui se font par estimation.
14. Pour les articles arrestés et certains il ne faut point d'ordonnance particuliere pour les payer, l'état general suffisant pour cela.

ARTICLE XVI

Pour l'ordre des Comptes

1. Vous obligerez ceux que vous chargerez du détail de ces dépenses ordonnées par estimation, à vous en rendre compte très souvent, et vous l'arresterez en même temps, afin d'en avoir la memoire plus fraische, et de voir si vous ne passez point vostre état general: et entr'autres vous tiendrez la main que vostre Maistre d'hôtel suive l'ordre que vous luy donnerez pour les contrôlles, les comptes et les payemens qu'il doit faire, dont je vous laisseray, s'il plaît à Dieu, des memoires à part.

2. Mais vous chargerez un homme seul, ma chere Fille, soit Intendant ou autre, de toute la recette et dépense de vostre maison: et pour cela vous luy mettrez entre les mains sous son recepissé tous les baux des terres, ou des copies avec l'état general de vostre recette et dépense qui aura esté arresté et signé de M. vostre Mary et de vous. Car il faut que ce soit ce comptable seul qui assemble toute la recette et dépense dans un compte general, tant celle qu'il fera par ses mains en détail, que celle qu'il fera en gros, mettant entre les mains des autres les sommes de la dépense dont ils sont chargés, et dont il faut qu'ils fassent chacun un comptereau, dont il mettra l'extrait dans son dit compte general, comme il est dit cy après.

3. Celles qu'il ne doit faire qu'en gros, doivent estre les suivantes, qui sont.

4. Celles des terres; car les Receveurs generaux ou agens des lieux, doivent estre chargés du détail de la recette et de la dépense de chaque terre, dont il leur faut donner un état particulier signé et arrêté, avec défense de le passer sans nouvel ordre, comme il sera dit en détail cy après.

5. Celles du Maistre-d'hôtel qui doit faire les comptes particuliers de la dépense de bouche des personnes et des chevaux, des provisions et autres, ainsi qu'il luy est ordonné.

6. Celles des habits et menus plaisirs du Maître et de la Maîtresse, qu'ils font par leurs mains, ou par celles de quelque autre de leur maison qu'ils choisissent pour en faire le détail.

7. De toutes ces sommes qui seront arrêtées en gros dans l'état general, il ne comptera aussi qu'en gros de chaque article dans son dit compte general, et n'en prendra point d'ordonnance particuliere, ayant esté ordonnées par ledit état general, mais il en fera donner des recepissés sur lesquels il comptera.

8. Il ne prendra point aussi d'ordonnance pour les gages des domestiques, pour le payement des rentes, ni pour les autres dépenses dont les sommes auront esté mises comme certaines dans l'état general, parce qu'estant déja signé, il luy sert d'ordonnance, et il n'a plus besoin pour cela que des quittances de ceux qui les recevront. Mais pour les articles dudit état dont les sommes ne peuvent estre fixées, estant extraordinaires ou par estimation, il ne les payera à qui que ce soit, pas même au Maître ni à la Maîtresse sans une ordonnance particuliere signée de l'un des deux, sur laquelle il comptera et rapportera en même temps les quittances et recepissés de tous ceux entre les mains desquels il a payé lesdittes sommes ordonnées.

9. Ce compte general de la maison se doit faire par chapitres de chaque nature de dépense, suivant les articles et le même ordre de l'état general fait au commencement de l'année, et après avoir fait examiner et signer au Maître ou à la Maîtresse les états particuliers de la dépense de chaque terre, et du Maître d'hôtel et autres qui comptent en détail des dépenses dont on leur met le fonds entre les mains.

10. Après que lesd. comptes particuliers sont arrestés, celuy qui fait le compte general, en met seulement l'extrait des chapitres dans le sien, comme j'ay dit cy-dessus, afin que l'on voye tout ensemble la dépense de la maison avec la recette, et il attache les

comptereaux particuliers aux dits comptes generaux, afin qu'on en voye le détail.

11. S'il y a quelques recettes ou payemens extraordinaires faits durant l'année, dettes acquittées, ventes, achats, emprunts, procès gagnés ou perdus, ou autres articles extraordinaires importans, il mettra sur ledit compte fort exactement ce que c'est, d'où cela vient, devant qui les contracts, quittances, accords, arrests, ou autres choses, sont passées, afin que l'on y puisse avoir recours; et les originaux des pieces justificatives en seront après mis au tresor, en laissant seulement des copies dans les pieces communes justificatives du compte, pour estre serrés ensemble.

12. Le compte estant dressé ainsi, il faut, ma chere Fille, que vous sçachiez de M. vostre mary s'il le veut voir rendre aussi bien que vous, et prendre des jours certains avec celuy qui sera chef de vostre conseil, et vos autres gens-d'affaires, pour examiner ledit compte; car je vous puis assurer que ni vous ni moy ne serions nullement capables de le faire comme il faut: mais vous le pouvez et devez prendre auparavant pour le lire en particulier avec quelque personne capable, pour voir si vous ne trouverez rien de mal soit contre l'ordre de l'état de la recette et dépense, soit pis.

13. Celuy qui fera le compte, en doit aussi presenter une copie qu'il faut collationner devant, et signer en même temps que l'original sera arresté, pour la luy laisser; et l'original sera serré dans une cassette de bois avec les pieces justificatives, et mis ainsi au trésor des papiers, ayant écrit dessus: *Estat general de la Recette et dépense de la maison de tel, rendu par tel en telle année avec les pieces justificatives dudit compte*; et les comptes faits et conservés ainsi avec les Registres d'affaires, dont je vous ay parlé cy dessus, sont capables de conserver les plus grandes maisons, remettant tous les ans devant les yeux des maîtres en quel état est leur bien, et empêchant les brouilleries qui perdent toutes les familles, et qui font que les maîtres des maisons s'embrouillent de plus en plus, ne voyant goutte à leur bien, à leurs dettes, ni à leurs affaires.

ARTICLE XVII

De l'ordre pour les Terres

Pour l'état de la dépense de chaque terre, qu'il faut ôter de vostre revenu, vous le ferez aussi en plusieurs articles, les uns certains, les autres par estimation, comme, par exemple:

1. Pour les gages des Officiers et domestiques du lieu de . . . Tant
2. Pour la nourriture de tels et tels, à qui on la donne . . . Tant
3. Pour les reparations, par estimation. . . Tant
4. Pour les affaires de dessus les lieux, par estimation . . . Tant
5. Pour les frais des foins, par estimation . . . Tant
6. Pour ceux des vignes et vendanges, par estimation, . . . Tant
7. Pour ceux du bois, par estimation . . . Tant
8. Pour les pauvres de chaque terre . . . Tant
9. Pour les diminutions, non-valeurs, hazards, par estimation . . . Tant

10. Pour les reparations et ouvrages neufs que vous voudrez entreprendre, il en faut faire des marchés s'il se peut, afin d'en faire l'estimation de la dépense plus juste, et d'en laisser le fonds avec celuy des articles cy-dessus: mais pour ces sortes de dépenses qui ne seront pas necessaires, soyez y plus retenuë que je n'ay esté avant que je sceusse que nous sommes responsables à Dieu de l'usage de nostre bien. Et si cela dépend de vous, et que vous ayez quelque pretexte de le faire comme j'ay crû avoir, demandez en conseil à des gens moins interessés et plus solides que ceux que j'avois consultés; car ceux qui ont ces defauts, vous diront toujours que vostre bien est à vous, que vous ne faites tort à personne, et qu'au contraire vous ferez gagner de pauvres gens, au lieu de vous dire que le superflu de vostre bien n'est pas à vous, et qu'il n'y a

que quelque sorte de necessité qui le puisse faire employer legitimement à vostre usage, parce que nous n'en sommes que dispensateurs, et que le necessaire estant pris, le reste est à ceux à qui Dieu n'en a point donné, et qui ne peuvent gagner leur vie. Je ne saurois assez vous dire cela, parce que cette verité ne s'oublie que trop, et qu'elle ne s'imprime pas facilement dans nostre esprit.

ARTICLE XVIII

Pour les affaires que la charité et la justice mettent entre vos mains

Ces affaires sont de deux sortes. Il y en a de publiques et de particulieres.

1. Les publiques sont l'administration de la justice, du bien des orphelins, des Hôpitaux, des Fabriques, de la Police, l'entretien des Ponts et des chemins sur lesquels vous estes voyers, la conservation des communes. L'on peut mettre encore pour affaires publiques les bornes de vos terres avec celles de vos habitans, et l'éclaircissement de vos droits sur eux, afin que vos successeurs n'empiettent point sur leur bien: et vous estes obligée de prendre soin de toutes ces choses, ou bien de renoncer à vostre salut, car ce sont de nos principales obligations.

2. Mais si la chose vous paroît comme impossible par vous même dans le détail, vous y pouvez donner ordre par la volonté forte que vous aurez de faire tout ce qui sera en vostre pouvoir, qui est de choisir pour officiers dans vos terres les plus vertueux et les plus habiles que vous pourrez trouver, après les avoir bien demandés à Dieu, vous en estre bien enquis, et leur avoir declaré de bouche et par un écrit double signé et gardé de vous et d'eux, ce que vous voulez qu'ils fassent pour vous acquitter de ces devoirs; et il faut qu'ils vous aident eux mêmes à le dresser avec d'autres habiles gens de vos amis, et qu'ils vous rendent compte tous les ans par écrit de ce qu'ils auront executé.

3. Vous essayerez encore de verifier sur les lieux s'ils s'en acquittent bien, en vous en informant secrettement. Et quand les officiers se relâcheront par negligence ou par interest, et que les corrections n'y serviront de rien, changez les aussitost que vous en

aurez trouvé de meilleurs. Mais pour le pouvoir faire, vous voyez bien qu'il ne faut pas qu'ils soient pourvus à titre onereux, ni qu'ils ayent seuls la clef des papiers et la connoissance de vos affaires.

4. Et pour les affaires particulieres de vos habitans, qui vous demanderont justice ou assistance pour l'avoir, si vous avez de bons officiers, vous les leur renvoyerez pour les juger, s'il est besoin qu'ils ayent sentence, ou pour les accorder devant vous, ou devant ceux que vous nommerez, si les parties le desirent ainsi.

5. Si quelque partie se plaint de la justice, ou de ceux qui agissent pour vos interests, écoutez les en particulier: mais gardez bien d'en rien croire, que vous n'ayez examiné la chose jusqu'au bout: car d'ordinaire les interessés en une affaire ne disent quasi jamais vray en des circonstances qui changent quelquefois tout.

ARTICLE XIX

Ce qu'il faut observer pour les bons-offices que l'on nous peut demander

1. Pour les bons-offices que l'on demandera de vous, ma chere Fille, ne vous y embarquez pas sans considerer si cela se peut faire en conscience: et quand vous y trouvez quelque difficulté, dites franchement à vos amis ce qui vous peine; et s'ils vous voyent vertueuse dans les autres choses, ils ne douteront pas que c'est cela seul qui vous arreste, et vous les ferez peut-estre rentrer en eux mêmes là dessus pour s'en déporter. Et s'ils ne comprennent pas que vous ayez sujet d'en faire difficulté, allez avec eux, s'ils veulent consulter des gens-de-bien et capables, offrant de faire ce qu'ils vous diront: et si cela ne les contente point, ne vous mettez pas en peine de perdre des amis, qui aiment mieux un interest temporel que vostre ame et la leur; car ils ne vous seront jamais qu'à tentation. Et si ce sont des gens assez puissans pour vous nuire, songez que Dieu qui est plus puissant qu'eux vous protegera; et si ce sont de ceux à qui vous aurez obligation, ce qui est le plus penible, essayez de vous en acquitter d'ailleurs: mais voyez combien les obligations que vous avez à Dieu, le doivent emporter par dessus celles là .

2. Et pour vous faire mieux entendre de quelle nature sont ces sortes de bons-offices dangereux, c'est, par exemple, de demander ou de donner des benefices à des gens incapables ou qui se presentent eux mêmes et avec ardeur, et dont vous ne connoissez pas la probité par vous ou par des gens fort pieux et fort éclairés.

3. C'est de faire donner des abbayes de femmes à une Religieuse d'un autre Ordre, ou sans connoistre certainement si

l'esprit et la vertu de celle que vous proposez, sont propres à conduire les autres, et à les tenir dans leur Regle.

4. C'est de mentir ou de faire mentir quelqu'un en justice, pour empescher la connoissance d'un crime, ou pour quelque autre raison.

5. C'est de détourner des gens d'estre dans l'état où Dieu les appelle, quand leurs parens ou amis nous en prient.

6. C'est de faire des mariages par autorité, et même par persuasion, sans avoir égard au bien spirituel des deux parties, ou faisant paroistre plus de bien qu'il n'y en a du côté que l'on protege, ou en celant de fort grands défauts, qui puissent rendre les mariages malheureux.

7. C'est de solliciter des procès dont vous ne sçavez pas le fond, sans faire entendre aux Juges que vous ne le faites que présumant qu'ils soient justes, et qu'autrement vous ne le feriez pas; car il faut même solliciter les vostres ainsi, depeur que le crédit que vous auriez sur l'esprit de quelque Juge, ou la reputation de probité que vous pourrez acquerir, ne les préoccupast dans le jugement de l'affaire.

8. C'est de passer dans les aveux que vous recevez, des droits que vos vassaux n'ont point, comme ceux des banalités, des garennes, des colombiers, des communes et autres droits qu'ils veulent usurper sur leurs sujets ou voisins et autres.

9. C'est de placer par vostre crédit des gens vicieux et corrompus dans des emplois où ils peuvent nuire au prochain. Cette grande faute ne se fait que trop souvent et trop communément pour quelque service que ces gens là nous ont rendus, ou parce que nos amis nous en prient, ou parce qu'ils nous peuvent estre utiles dans ces sortes d'emplois, ou pour nous en défaire.

10. C'est de mettre des Précepteurs ou Gouverneurs, ou même jusqu'au moindre laquais avec des enfans ou des jeunes-gens sans en connoistre la probité par nous mêmes ou par des gens bien pieux et bien éclairés. Car quelque besoin que ces gens là ayent de

trouver condition, la charité qu'on leur peut devoir, ne doit pas aller contre celle que l'on doit à des personnes qu'ils peuvent empoisonner par leur exemple et par leur conversation, s'ils ne sont pas tels qu'il faut.

11. Enfin comme nous devons estre extremement portés à servir nos amis dans les choses justes, et même quelquefois aux dépens de nostre repos et de nos autres biens temporels; aussi nous ne le devons jamais estre aux dépens de nostre bien spirituel qui consiste à rendre à Dieu qui est nostre principal bienfaicteur et nostre parfait ami aussi bien que nostre Souverain Maistre, ce que nous luy devons, agissant en toutes choses devant luy avec un coeur droit, plein de verité, de charité, et de justice, ne considerant ni nos amis ni nos parens, ni nostre credit, ni la reputation d'estre obligeante et effective, quand il y va de luy desobeïr en quoy que ce soit: autrement, ma chere Fille, vous ne seriez pas chrestienne; vous chargeriez vostre ame de pechés innombrables pour autruy, et vous appelleriez vainement à vostre mort le secours des gens que vous auriez ainsi obligés, vostre ame s'en allant seule au jugement de Dieu, que vous auriez quitté pour eux.

12. Je me suis un peu étenduë sur cet article, parceque cette reputation d'obligeant, de genereux, et de bon-amy fascine tellement les gens, qu'ils ne font quasi plus de distinction des devoirs de ces vertus; et s'ils en font, c'est d'une maniere si extravagante, qu'ils les font degenerer en vices, parce qu'ils ne gardent ni ordre ni mesure dans les offices qu'ils en rendent, mettant ordinairement tous leurs premiers devoirs au dessous des derniers; et il n'y a que la vanité et la foiblesse d'esprit qui font faire ces fautes à ceux qui n'ayant point assez de solide vertu pour meriter les louanges publiques, veulent avoir au moins quelqu'un qui les encense en louant leur generosité, quoiqu'elle soit de travers, et que ces actions ne meritent pas ce nom ni ces louanges.

13. Mais si vous craignez, ma chere Fille, que le refus de ces bons-offices dangereux vous nuise auprès de ceux qui vous les demandent, faites connoistre à tout le monde que vous avez les

mêmes sentimens là dessus pour vous que pour vos amis; et ne vous laissez point surprendre pour vos interêts injustes soit par la persuasion de vostre amour propre, soit par les flateries de vos domestiques; et mettez vous tellement en garde contre le desir de ce qui vous est utile ou agreable, que vous en fassiez un examen aussi exact pour le moins que celuy que vous devez faire pour les autres; et faites voir à vos amis des raisons ou des avis si forts pour fonder vostre refus, quand vous leur en ferez, qu'ils voyent qu'il n'y a que vostre conscience qui vous oblige de ne leur accorder pas leur demande.

REGLEMENT QUE CETTE DAME AVOIT DRESSE POUR ELLE-MEME

1. Je seray d'ordinaire huit heures au lit.

2. A mon réveil je donneray à Dieu mes premieres pensées. Je l'adoreray, luy rendray graces, et me resigneray à sa sainte volonté.

3. Après m'estre vêtuë, j'entreray dans mon cabinet pour y faire demi-heure d'oraison[1].

4. Après je regarderay mon memoire pour voir ce que j'ay à faire et ordonner ce jour là. Je considereray bien si tout est selon Dieu, et quel profit j'en puis tirer pour mon salut. Je mettray toutes mes affaires entre les mains de Dieu, me rapportant à sa providence de ce qui en réüssira. Et après avoir fait un acte de resignation et de confiance, je donneray mes commissions, et je regleray les heures pour ce que j'auray à faire. Cela fait, je m'habilleray, et prendray un temps raisonnable pour cela, afin de ne me point tant haster, que je m'en inquiette.

5. Durant que je me peigneray, je feray lire quelque bon livre quand je le pourray; afin que les personnes qui sont à mon habiller en puissent profiter, et tâcheray de les faire parler sur ce qu'on lira,

---

[1] Mt 6, 6. Sur la nécessité de l'oraison, cf. Ac 1, 14; Col 4, 2; 1 Th 5, 17; F. de Sales, *Introduction*, Part. II, ch. 1, p. 80: «Employés-y chaque jour une heure devant disner, s'il se peut au commencement de vostre matinee, parce que vous aurés vostre esprit moins embarrassé et plus frais apres le repos de la nuit. N'y mettes pas aussi davantage d'une heure, si vostre pere spirituel ne le vous dit expressement»; cf. aussi Part. II, ch. 10 (*Exercice pour le matin*) et 11 (*De l'exercice du soir et de l'examen de conscience*); Fortin, *Testament*, Part. I, ch. 7 et 8, *Des prières et de l'oraison dominicale*, et tout spéc. p. 45: «l'homme parle à Dieu, & s'il est impenitent, & qu'il soit encore soüillé de quelque sale desir, il appelle son Juge pour estre le tesmoin de son crime: C'est pourquoy je te conseille qu'un petit examen de ta conscience precede tousjours ta priere»; le P. Surin, *Guide spirituel pour la perfection*, Part. IV, ch. 1, p. 168-72.

pour voir si elles l'entendent, et de leur dire quelque mot sur les endroits où il faudra qu'elles fassent plus de reflexion.

6. Après je verray les feüilles de la dépense du jour précedent, et marqueray les articles qui passeront mon ordre, afin de m'enquerir pourquoy, et d'empescher que cela ne continuë sans cause.

7. Ensuite j'iray à la Messe; et en y allant j'essayeray de recueillir mon esprit, afin de le préparer à avoir l'attention necessaire pour l'ouïr comme il faut.

8. Avant disner je feray l'examen du matin, et si j'ay le loisir j'entreray dans mon cabinet pour cela.

9. J'écouteray et diray le *Benedicite* avec attention, demandant à Dieu ma part des viandes que sa Providence a destinées pour nostre table, ne me les attribuant pas plus qu'aux autres, pour estre la Maistresse de la maison.

10. Si durant le repas on fait des discours qui puissent offenser Dieu, ou donner quelque scandale aux assistans, je les interrompray, et essayeray de raccommoder cela par d'autres qui édifient[1].

11. Je m'abstiendray pour l'amour de Dieu des viandes que je connoîtray estre mauvaises à ma santé, et de celles que j'aimeray le mieux dans un des services alternativement[2], afin de tenir un peu

---

1 Ep 4, 29.

2 Cf. Fortin, *Testament*, Part. I, ch. 2, p. 60-61: «A ton defaut (=la gourmandise), mon fils, le meilleur conseil que je puisse te donner en ces occasions, est que les incommoditez de la gourmandise te servent d'une premiere instruction. Si tu es trop chargé de viande, consulte pour ta moderation la pesanteur de ton corps, ton propre dégoust, l'indigestion de ton estomac & les cruditez qu'il exhale, dont ton esprit se ressent ... Plus le corps est deschargé de chair, plus il est sain, actif, vigoureux & obeyssant au commandement de l'ame». Et p. 63: «Si la fortune t'appelle dans le grand monde, comme je le souhaitte, je te donne advis de regler de bonne heure ta bouche selon ta condition. Use des choses qui ne peuvent tousjours estre en ta puissance, comme pouvant sans peine renoncer à leur usage. Abstiens-toy de leur excez, & d'un trop grand soin à les rechercher. J'entends aussi s'ils te manquent, que tu t'en puisses passer sans douleur ...»; Gobinet, *Instruction*, Part. V, ch. 2, p. 270-71, *Of gluttony*; le P. Surin, *Guide spirituel pour la perfection*, Part. V, ch. 1, p. 209: «Qui n'use de

mon goust en sujettion, en attendant qu'il plaise à Dieu me donner la force de le mortifier tout-à -fait[1].

12. Après le repas j'éleveray mon coeur à Dieu, en luy rendant graces de la nourriture qu'il m'aura donnée, et je seray soigneuse de les faire dire tout haut aussi bien que le Benedicite, et que tous ceux sur qui j'auray pouvoir, y soient attentifs.

13. Après, je seray une heure en conversation et à me recréer, si je n'ay rien de plus pressé. Le reste du temps je feray les choses que ma condition m'oblige ou me permet de faire, n'y pouvant apporter de regles certaines, si ce n'est que j'essayeray d'avoir beaucoup d'égard sur moy même, pour ne rien faire qui déplaise à Dieu, à qui je proteste vouloir obéïr et plaire en toutes choses. Je fais neanmoins les resolutions particulieres qui suivent pour les occasions qui se presenteront, priant Dieu qu'il me donne la pensée, le desir et la force de les effectuer.

14. Quand je ne seray point obligée d'estre en compagnie l'après-disnée, je me retireray quelque temps pour lire, ou pour quelque autre chose utile pour ma conscience ou pour nos affaires.

15. Je feray au souper comme au disner l'examen auparavant[2], et le reste. Après le souper je demeureray en conversation, et à me récréer jusqu'à la priere, hormis que je prendray un quart d'heure pour lire si j'y ay manqué l'après-disnée.

16. A la priere du soir je seray soigneuse de voir si tous les domestiques y assistent, et si c'est avec attention. Le reste du temps je m'accoutumeray à faire des actes d'amour de Dieu, de louange, d'adoration, de remerciement, de confiance, d'esperance, de

---

mortification en sa bouche et qui donne au corps ce qu'il peut désirer ne saurait abattre l'orgueil de ce même corps, ni en réfréner les vices».

1 Cf. Fortin, *Testament*, Part. I, ch. 8, p. 54: «Ensuitte de la resignation de ta volonté, Dieu veut que tu te contentes icy-bas de la nourriture qui est le plus en ta puissance, sçavoir est le pain, de peur que la sollicitude des autres ne te destourne de son service».

2 L'examen de conscience, cette «réflexion que l'âme fait sur soi-même pour connaître ses défauts, s'en repentir, s'en humilier et s'en amender» (*Guide spirituel pour la perfection*, Part. IV, ch. 2, p. 172), est vivement recommandé par tous les auteurs spirituels.

contrition, et de charité envers le prochain en toutes les occasions où il plaira à Dieu que je m'en souvienne[1], et je mettray quelque marque sur moy ou ailleurs pour m'y aider, sans toutefois m'attendre ni me fier à mon soin ni à mes propres forces[2].

17. Quand je connoîtray que je tombe souvent dans une même faute je m'ordonneray quelque penitence autant de fois que j'y retomberay, afin de satisfaire à Dieu, et que la crainte d'une peine presente quoiqu'elle soit legere, aide à me tenir en bride et à m'en desaccoutumer: mais je prendray avis de mon Confesseur sur cet article, pour le faire par obéïssance et par soumission à l'Eglise, à laquelle je desire estre sujette en tout.

18. Je veux recevoir de bon coeur toutes les mortifications que Dieu m'envoyera, petites ou grandes[3]; et quand elles m'arriveront je le supplieray comme je fais dès cette heure de les vouloir joindre aux merites de JESUS-CHRIST, afin qu'elles soient dignes d'estre acceptées de luy pour la penitence de mes pechés, faisant des actes d'humilité sur le peu de courage que j'ay à me mortifier moy-même.

19. J'essayeray d'avoir beaucoup de condescendance pour ceux avec qui je dois vivre, non seulement pour mes superieurs, mais pour mes égaux et mes inferieurs, pourvû que ce soit dans les choses bonnes et indifferentes[4].

---

1 On notera chez les auteurs spirituels et les auteurs profanes la valeur accordée à «l'amour agissant», cf. le P. Surin, *Guide spirituel pour la perfection*, Part. III, ch. 3, p. 147-53; Fortin, *Testament*, Part. II, ch. 13, p. 135: «Mes enfans les dix Commandemens de la Loy se reduisent tous sous celuy d'aymer Dieu par dessus toutes choses, & son prochain comme soy-mesme»; Gobinet, *Instruction*, Part. III, art. 1 et 3, *How necessary Charity is; What is Charity*, etc.

2 Cf. 1 Th 5, 17; Ph 4, 6.

3 Ecq 2, 4; Rm 12, 12 et 5, 3. L'idée de l'épreuve purificatrice est fréquente dans le Nouveau Testament, Ac 14, 22; Hb 12, 4-13; Ja 1, 2-4; 12-15, etc. Cf. aussi Fortin, *Testament*, Part. II, ch. 5, p. 84-5: «C'est ainsi que j'entends que tu t'appliques ces deux mots, *Abstine, Sustine*, en supportant patiemment les maux qui t'arrivent, comme ayant leur departement chez toy de la main de Dieu». Sur «l'amour pâtissant», cf. aussi le P. Surin, *Guide spirituel pour la perfection*, Part. III, ch. 3, p. 147-53.

4 Cf. Courtin, *Nouveau traité de civilité*, ch. XVIII, p. 219-21, *De la bienseance que doivent garder les personnes superieures à l'égard des inférieures.*

20. Je ne m'enquerreray pas des affaires secrettes d'autruy[1], si ce n'est pour quelque bonne fin, et ne m'en entremettray point, si je ne voy qu'il soit necessaire pour la gloire de Dieu, et que sa providence m'y applique.

21. Quand je seray en compagnie je prendray bien garde de ne parler pas trop[2], afin d'éviter les pechés innombrables de la langue[3], et de ne contrister pas les autres, les empêchant de parler à leur tour; et sur tout j'essayeray de ne parler point des choses qui me touchent ou les autres, sans quelque necessité.

22. J'essayeray d'ouïr tous les jours de Dimanche la Messe à ma Paroisse, d'ouïr le Prosne, ou de le faire entendre par quelqu'un de nos gens, et pour les autres Festes je m'assujettiray au lieu, pourvû que ce soit quelque eglise, ne la voulant ouïr dans la chapelle du logis, quelque permission que j'en aye, que quand je me trouveray mal, ou qu'il y aura quelque autre sujet raisonnable[4]; et quelque part que ce soit, je me garderay bien, s'il plaist à Dieu, de faire attendre le Prestre, ni de souffrir qu'il s'y fasse du bruit, ni d'indecence qui puisse troubler la devotion.

23. Je desire apporter de ma part grande modestie et grand respect dans les eglises, ne m'amusant point à y causer avec personne: et si je suis obligée d'y répondre, ou d'y commencer à

---

1 1 Th 4, 11; 2 Th 3, 12; Ep 4, 28.

2 Cf. Courtin, *Nouveau traité de la civilité*, ch. V, p. 23-49, *Ce qui regle la conversation en compagnie;* Coustel, *Les regles de l'éducation des enfans*, t. I, Part. II, p. 358-60, *De la maniere de parler*: «parlez toûjours avec la modestie & la gravité d'une personne qui se possede entierement ... doucement, sans élever la voix trop haut, ny aussi sans la baisser trop, posément, justement».

3 Sur les péchés de la langue, cf. Ecq 28, 8-18. Cf. aussi Ep 5, 4; Col 4, 6; Ja 3, 8.

4 Cf. Fortin, *Testament*, Part. I, ch. 7, p. 48-9: «Car quand je remonte à la source de l'obligation qu'il y a d'oüir en ce jour le Service divin en sa Paroisse, je ne trouve point qu'on puisse estre quitte du commandement de sanctifier le Sabath qu'en ce lieu-là. Par tout ailleurs en faisant nos prieres nous paroissons plustost les chuchoter en secret en l'oreille de Dieu, que de les faire avec le respect & la solemnité que nous y devons apporter». Dans son *Introduction*, Part. II, ch. 14, F. de Sales recommande d'ouïr la messe à l'Eglise, mais si l'on ne peut y être physiquement, de s'y transporter spirituellement.

parler par quelque necessité, ce sera en si peu de mots, et d'un ton si bas et si respectueux, que cela donnera sujet aux autres de songer en quel lieu ils sont[1].

24. Quand il viendra des compagnies chez nous qui ne me plairont pas, ou qui m'interrompront, je songeray que la providence de Dieu a disposé leur venue pour quelque bonne fin; et ainsi j'essayeray à les supporter de bon coeur, et à me servir de l'occasion pour glisser quelque bon discours parmi ceux de la conversation ordinaire, afin qu'eux et moy en puissions profiter.

25. Pour les visites, j'en feray le moins que je pourray, et seulement pour l'ordinaire chez les personnes avec qui je suis liée de parenté ou d'amitié ou d'obligation particuliere, ou avec qui je puisse profiter pour mon salut. Pour les autres je les verray seulement dans les occasions où il faut aller voir tous ceux qui nous visitent, et hors cela une fois l'année, pour ne les offenser pas. Encore si ce sont des personnes dont les conversations soient pleines de médisances, ou d'autres grands defauts, j'iray plus rarement, et enfin point du tout; afin de leur donner sujet de m'oublier, sans leur donner lieu de haine par quelque mauvais visage que je leur pourrois faire.

26. Je me garderay bien de me mettre d'aucune cabale[2], et ne feray jamais de societé particuliere, hors celles d'obligation, si ce

---

1 On rappelle dans les textes sacrés que l'Eglise est une maison de prières (Is 56, 7) où l'homme doit présenter à son Seigneur ses respects et ses adorations, cf. Mt 21, 13; Mc 11, 17; Lc 19, 46; 1 Cor 11, 22. Cf. aussi s. Vincent de Paul, 26ème sermon, *Respect du aux églises*, in *Sermons*, p. 488-507; Courtin, *Nouveau traité de la civilité*, ch. IX, p. 95-6, *De ce que l'on doit faire dans l'Eglise*: «Il ne faut point grimacer en priant Dieu, ny dire ses prieres d'un ton haut, ny parler & s'entretenir avec quelqu'un, de peur de détourner les autres»; Coustel, *Les regles de l'éducation des enfans*, t. I, Part. II, p. 238: «Ces personnes qui aiment Dieu veritablement, ne font pas dans l'Eglise [d'] immodesties & [d'] irreverences scandaleuses ... Ils ne s'entretiennent pas de discours inutiles durant tout le saint Sacrifice de la Messe ... Mais ils entrent toûjours dans l'Eglise avec humilité & frayeur ... ils respectent & honorent leur Curé comme le Ministre que Dieu leur a donné; & ils se nourrissent des paroles de vie qu'il met dans sa bouche pieuse», etc.

2 Ecq 28, 8.

n'est pour le service de Dieu ou du prochain, et encore sera-ce du consentement de mon mari; et si je suis pressée de m'associer avec quelque autre personne, je témoigneray bien faire cas de leur amitié, mais je m'excuseray de me mettre en communauté de divertissement et de conversation ordinaire, sur mes affaires, ou sur ma mauvaise santé, ou sur quelque voyage.

27. J'essayeray à maintenir la tranquillité en moy-même, et l'union entre ceux auprès de qui j'auray du credit: et pour cela je prendray garde de ne rien rapporter de ce que l'on dit qui les peut fâcher[1]; de ne pas louer excessivement[2] une personne devant une autre qui en puisse prendre jalousie; de ne flatter personne dans le tort qu'il aura, et d'étouffer les premieres semences de la division que je verray naître parmi eux, ou par moy même, ou par ceux de qui ils dépendront.

28. Autant de fois que je trouveray quelque chose beau ou bon, j'en feray quelque action de graces à Dieu interieurement, et quelque acte d'amour.

29. Autant de fois que j'entendray sonner l'horloge, je me resigneray entierement à la volonté de Dieu[3], ou je feray quelque autre acte vers luy.

30. Quand j'auray receu quelque offense considerable, j'essayeray à ne me point aigrir pour cela, et à m'attendrir le coeur envers la personne qui me l'aura faite[4], par toutes les considerations qui y peuvent aider; comme d'avoir pitié de sa

---

1 Les femmes semblent avoir été particulièrement conscientes des dangers du parler, voir entre autres Anne de France, *Enseignemens*, ch. XIV, p. 44-5: »... ne soiez jamais la première ne la dernière parlant, ne rapporteresse de nouvelles, au moins qui soient desplaisantes, ou à aulcun préjudiciables».

2 Cf. Courtin, *Nouveau traité de la civilité*, ch. XXI, p. 242: «[L'excès dans la civilité] ne vient que de bassesse & d'interest, & ... tourne tout à fait au desavantage de celui qui la [=la flatterie] reçoit». Sur la louange, cf. aussi ch. VIII, p. 78-80.

3 Cf. le P. Surin, *Guide spirituel pour la perfection*, Part. I, ch. 3, p. 74: «La perfection ... c'est la déterminée volonté de ne rien refuser à Dieu de ce qu'on connaît être de sa volonté».

4 Ep 4, 31-32; cf. *Reglement* I, viii, 25.

foiblesse, des peines qu'il s'attire pour l'autre vie[1], de l'erreur qui luy fait paroître les choses autrement qu'elles ne sont; je penseray aux graces que j'ay receuës de Dieu, sans lesquelles je ferois pis; et si je m'emporte par le premier mouvement[2], j'essayerai à reparer cette faute, non pas par l'aversion que j'ay naturellement des haines et des divisions (car c'est peut-estre par amour-propre) mais pour ne pas refroidir la charité ni en eux ni en moy.

31. Je ne diray aucune parole d'humilité ni de charité, que je n'essaye de les dire du coeur[3]; et si je fais des discours pieux en conversation, je prendray bien garde que ce ne soit que pour l'utilité du prochain, et non pas pour me faire croire remplie des vertus dont je parleray. Et aussi quand son édification le requerera, je diray franchement que je suis resoluë d'accomplir de tout mon pouvoir les commandemens de Dieu et que je ne croirois pas estre chrestienne sans cela.

32. Je ne veux mentir en quoy que ce soit[4]; et quand quelque occasion necessaire me fera celer la verité, ce ne sera que pour en user sobrement, et quand la charité le requerera.

33. J'obeïray à tous ceux qui ont pouvoir sur moy, chacun selon son droit de superiorité[5]; et considereray la puissance de Dieu en eux. Cela estant, je ne murmureray point contre ceux qui ordonnent des choses où j'ay répugnance, ni si j'en reçois du mal en ma personne ou en celle d'autruy; car je les regarderay comme executant la justice de Dieu, et non seulement y soumettray ma volonté, mais mon esprit autant que je pourray, ne censurant point

---

1 1 Cor 6, 9.

2 Cf. Gobinet, *Instruction*, Part. V, ch. 2, p. 272-73, *Of anger*.

3 Ecq 4, 29; *Le livre des quatre amours*, Part. IV, ch. 31, p. 159-60: «[prenez garde à n'être pas] ange en l'oraison et diable en la conversation et en l'action, offensant ce même Dieu que nous avons reconnu être si aimable et si digne d'être obéi».

4 Ep 4, 25; cf. Coustel, *Les regles de l'éducation des enfans*, t. I, Part. II, p. 267-68.

5 *Reglement* I, viii, 16. Cf. *Introduction*, Part. III, ch. 11, p. 177: «il faut obeir a tous les superieurs, a chacun neanmoins en ce dequoy il a charge sur nous».

leurs actions en moy même, parceque je n'en sçay pas les motifs, et me contenteray de prier Dieu pour eux.

34. Je me garderay de complaire ni d'action ni de parole à ceux que je verray offenser Dieu. Si j'ay droit de leur en faire la correction, je la feray douce ou rude, selon que je croiray qu'eux ou les assistans en auront besoin, et prendray garde que ce soit toujours en compatissant à leur défaut, et en songeant que j'en aurois bien d'autres sans la misericorde de Dieu.

35. Je ne disputeray point avec opiniatreté[1]; mais si je dis mon avis en compagnie, ce sera par entretien, sans vouloir absolument que l'on me donne audience[2], et sans avoir dessein de me faire louer de mon bon esprit, ni sans vouloir faire connoistre le foible de ceux avec qui je parleray. S'il s'agit de la Religion, et que l'on soutienne des choses qui me soient suspectes, je ne disputeray pas[3], principalement si ce sont des gens savans qui parlent; mais je diray simplement que nous n'avons pas besoin de savoir ces choses là , si l'Eglise n'en a point parlé, et que si elle en a parlé, il la faut croire, et je tâcheray de porter les autres à la même soumission.

36. Quand on m'accusera de quelque chose qui ne sera point, je m'en défendray doucement sans me troubler, quoique l'on continuë avec opiniâtreté, et diray mes raisons, principalement s'il y va de quelque chose qui puisse malédifier le prochain.

37. Quand on ne me croira pas en quelque chose où je diray vray, je ne jureray point pour me faire croire; mais j'assureray simplement que cela est, ou nommeray des témoins, si c'est quelque chose qui importe; parce qu'on se pourroit scandaliser, pensant que je mentisse en une telle occasion. Aussi pour m'en garantir je n'assureray rien dont je ne me souvienne bien; et les choses dont je douteray, je les diray douteusement.

38. Quand je croiray déplaire à quelqu'un, si c'est par quelque chose qui soit en ma puissance, j'essayeray d'y remedier avec grand

---

1 2 Tm 2, 23; A Ti 3, 9.

2 Cf. *Reglement* I, ix, 10.

3 Rm 14, 1.

soin; si c'est par une simple aversion, je tâcheray à ne me pas trouver souvent en leur presence, à ne pas faire de longs discours devant eux: et si ma parole leur est quelquefois addressée, ce sera avec toute la complaisance que la charité me permettra, et je prieray Dieu pour eux, mais sur tout ce sera à dessein de leur ôter cet obstacle à la charité, et non pas pour faire triompher mon amour-propre.

Pour nos Domestiques

1. J'auray soin de leurs corps et de leurs ames en toutes occasions. Dans leurs maladies je les assisteray à nos dépens; je les visiteray moy-même pour voir si on en a soin; je les exhorteray à recevoir les Sacremens, et je feray prier Dieu pour eux s'ils meurent, assistant moy-même à leur enterrement.

2. Dans leur santé s'ils font des pechés qui viennent à ma connoissance, je les en reprendray et essayeray de les corriger. Je m'enquerray s'ils ne retombent point; et s'ils ne se corrigent après les avoir repris plusieurs fois, je les chasseray.

3. J'essayeray de les employer, afin d'empêcher que l'oisiveté ne les gâte, et n'en tiendray point d'inutiles pour servir seulement à la vanité. Je ne garderay point ceux qui ont un esprit de cabale et d'aigreur, ceux qui s'employent à deviner et à censurer les actions d'autruy, ceux qui affectent de prendre un air de suffisance, et qui tiennent les autres bien au dessous de leur capacité; mais je verray auparavant s'ils ne se peuvent corriger.

4. Je prendray nos gens, autant qu'il se pourra, des pauvres familles de nos terres: et avant que de les prendre, je m'informeray de leurs moeurs, et prieray Dieu quelques jours de me faire connoître sa volonté sur ce choix, et de le benir.

5. J'essayeray de ne les pas garder longtemps s'ils ne nous sont propres, tant pour leur vertu que pour leur service. Ceux que nous garderons, ne seront pas toujours les plus spirituels, mais les plus fidelles, souples, obéïssans, soigneux et soumis, qui laissent

dominer leurs esprits par ceux qu'ils servent, qui craignent Dieu, et qui sont naturellement doux et bons.

6. Quand un valet aura ces conditions, s'il n'est propre à une chose, j'essayeray que nous nous en servions en une autre, faisant pour cela examiner la vocation de Dieu sur luy.

7. S'ils demeurent incommodés en sorte qu'ils ne puissent plus rien faire, et qu'ils ayent bien servi, on les nourrira le reste de leur vie, et il ne leur manquera rien de ce qu'ils pourront avoir besoin.

8. Je leur feray observer avec soin les choses qui sont portées dans l'ordre que je leur ay donné; et afin qu'ils ne se dementent point de ce qui leur est enjoint, et qu'ils se souviennent qu'on les a pris à cette condition, je feray signer à chacun l'ordre qui le regarde. L'on ôtera tous ceux qui se marieront, s'ils ont quelque chose en maniement, quoiqu'ils ayent esté gens-de-bien jusque là, depeur de les exposer à la tentation; mais quant à ceux que l'on ôtera pour cette raison seulement, et qui auront bien servi, on leur donnera récompense.

9. Je ne souffriray point d'amourettes dans nostre maison, quelque pretexte de mariage qu'il y ait; car s'il y a quelque veritable dessein de se marier, ils s'addresseront à mon mary ou à moy, et l'on conclura l'affaire, si elle est faisable, ou on la rompra, et si les deux parties continuënt à s'aimer après la rupture, et à vivre en intelligence particuliere, on les chassera. Et pour empêcher ces amourettes, je ne souffriray point que les femmes ou les filles de la maison ayent des conversations particulieres avec les hommes, ni que les hommes les viennent voir dans leurs chambres, selon qu'il est porté plus au long dans l'ordre de mes femmes.

10. Quand je connoistray quelqu'un de nos gens affectionné à nostre service, et qu'il s'acquittera bien des choses dont il est chargé, je luy donneray tous les ans quelque gratification pour luy donner courage; mais ce sera en sorte que les autres n'en sauront rien, hormis quand il sera à propos, pour leur donner émulation ou exemple.

11. Quand on m'avertira de quelque desordre qui se fait en la maison, j'examineray, s'il est possible, le motif de celuy qui

me le dira, et verray bien si la chose est vraie avant que d'y ajoûter foy. Après, si j'y trouve du mal, j'y remedieray, s'il m'est possible: mais je prendray bien garde que l'accusé ne se puisse douter de l'accusateur; et quand même l'accusation seroit fausse et malicieuse, je me contenteray de chasser l'accusateur sur un autre pretexte, et celeray celuy-là, desirant en toutes choses éviter les haines et les dissentions, et les bannir de nostre maison, afin que Dieu y habite.

12. Je feray examiner les talens spirituels des domestiques, et tâcheray de les employer, comme il est dit dans l'Evangile, selon leur propre vertu, aux choses qui regardent le service de Dieu et du prochain, quand ils auront du temps de reste pardessus les obligations de leurs charges, ayant soin de les faire instruire et diriger pour cela par quelque personne spirituelle.

Pour nos affaires

1. Je verray moi-même et examineray toutes nos affaires avec soin, selon la capacité que Dieu me donnera pour cela, sans rien desirer faire davantage que ce qui m'est possible: et avant que d'y travailler je feray une petite élevation de mon coeur au S. Esprit, pour luy demander le don de conseil et de force, afin d'agir en tout avec prudence et fermeté.

2. Je songeray que je suis obligée à ce travail, puisque c'est celuy que Dieu m'a imposé, et que je dois conserver avec soin le bien qu'il m'a donné en charge, jusqu'à ce que l'évenement me fasse voir qu'il le veuille faire changer de main; et alors je desire le luy rendre de bon coeur, comme une chose que j'ay seulement en garde pour tant qu'il luy plaira.

3. Je ne desireray point de me mesler de ces affaires pour avoir plus de crédit dans la maison, mais simplement pour obéïr à Dieu et à mon mari.

4. Quand j'entreprendray quelque chose, je ne desireray point ardemment de l'achever; mais quoique je doive faire tout mon

possible pour cela, je ne veux avoir pour but que de travailler à faire la volonté de Dieu, luy laissant de bon coeur la disposition de l'évenement.

5. Pour les procès, je n'en entreprendray point sans faire premierement consulter des gens de capacité et de probité connuë, pour savoir si nous avons raison[1].

6. Si la cause est mauvaise, quelque apparence qu'il y ait de la soutenir, je la laisseray là; et s'il est besoin, je feray faire quelque acte, afin que ceux qui seront en nos droits ne la puissent faire valoir par leur crédit.

7. Et quand elle seroit tout à fait bonne, je ne laisseray pas d'en sortir par la même voie, et même de perdre plûtôt quelque chose pour le bien de la paix. Et en cas qu'ils n'y voulussent point entendre, et qu'il fallût plaider, je desire le faire sans haine ni murmure; et si en plaidant je trouve quelque papier qui fasse pour nostre partie adverse, je l'en aideray, quand elle ne le pourroit avoir par d'autres voies: ou s'il luy donnoit gain de cause, je me condamneray moi-même, me déportant de nostre prétention par quelque accord tant pour nous que pour nos successeurs.

8. Tous les quinze jours je m'assembleray avec nos gens d'affaires, et je porteray un registre sur lequel elles seront écrites, et on verra ausquelles il sera besoin de travailler. Après on les distribuera à chacun selon les choses qui seront de leur soin et de leur portée. Et afin que ces commissions ne s'oublient point, la resolution en sera écrite sur ledit registre, et signée par ceux qui en seront chargés; et ils feront paroître leur diligence en la prochaine assemblée, afin qu'on écrive ce qui aura esté sur cela fait ou acheminé.

9. Tous les jours je verray la feuille de nostre maison pour la dépense qui aura esté faite du jour precedent.

10. Tous les Lundis je confronteray lesdites feuilles avec celles des Cuisiniers, Sommeliers, et Palefreniers qui servent de contrôles selon et pour les raisons qu'il est porté par l'ordre de nostre maison.

---

1 Cf. Vincent de Paul, *Sermons*, 5ème sermon.

11. Tous les mois j'arrêteray le mois de l'Argentier et celuy des provisions en la sorte qu'il est porté par ledit ordre.

12. Tous les mois j'arrêteray un compte de toutes nos autres dépenses du mois.

13. Et tous les ans j'arrêteray le compte general de nostre maison sur nos ordonnances, sur les quittances que je retireray à la fin dudit compte, pour les serrer toutes ensemble en un même lieu; et je feray un état nouveau de recette et de dépense pour l'année suivante que nous essayerons de ne point passer sans grande necessité.

Pour mes divertissemens

1. Je choisiray ceux qui sont les plus innocens et qui m'empeschent moins d'élever mon esprit à Dieu[1], comme la promenade, la peinture, la conversation honnête, et autres semblables, essayant de ne m'y point attacher trop, et de songer qu'une personne qui merite l'enfer, devroit se priver de tous les divertissemens.

2. Je n'y donneray que le reste de mon temps, après en avoir pris ce qu'il en faut pour ma conscience, pour mes affaires, et autres choses necessaires, et pour les devoirs de bienseance qui se rendent aux parens, aux amis, et aux visites de necessité[2].

3. Si je puis travailler aisément à quelques ouvrages, j'essayeray d'en faire pour l'Eglise ou pour les pauvres.

4. Pour les festins et autres assemblées quoiqu'innocentes, je n'iray que quand j'y seray obligée par quelque necessité, et que je ne pourray pas prendre quelque pretexte pour m'en excuser.

Fin

---

1 Cf. *Reglement* I, i, 6.

2 Cf. *Reglement* I, i, 6.

JEANNE DE SCHOMBERG, dame de Plessis Liancourt,
duchesse de la Roche Guyon.
(Coll. Laruelle, Paris, Cabinet des Estampes)

APPENDICE

POÈMES INCLUS DANS LE *RECUEIL DE VERS CHOISIS*, PUBLIÉ PAR LE R. P. BOUHOURS À PARIS, CHEZ GEORGE & LOUIS JOSSE, 1693.

L'amour soumis à la vertu

Danon, dont j'ai toujours meprisé la langueur,
Ne pouvant l'autre jour supporter ma froideur,
Fit cent plaintes de moi, de l'Amour, de lui-meme.
Mon coeur en soupirant lui repondoit tout bas;
Cesse de murmurer de ma rigueur extreme,
Toi que je n'aime pas;
Je ne traitte pas mieux le seul objet que j'aime.

La fuite inutile

En quel etat me trouvai-je reduitte
Pour obeïr à mon devoir
Je fuis Tircis: mais que me sert ma fuite
Qu'à m'oter seulement le plaisir de le voir?
Que me sert-il de ne le pas entendre?
Je devine tous ses discours:
Et mon coeur me redit mille fois tous les jours
Ce qu'une fois il m'auroit dit de tendre.
Je m'imagine à tous momens
L'entendre m'exprimer ses plus doux sentimens;
Et peut etre, helas! qu'à ma honte,

Quand de son entretien j'evite les appas,
Je m'engage à lui tenir compte
De cent mille douceurs qu'il ne me diroit pas.

Reponse sur les memes Rimes

Aprés que de Talon la sublime eloquence
A consacré son nom à l'Immortalité;
N'est-il pas tems qu'une autre dignité
Le contraigne enfin au silence?
Dans cet illustre emploi dont son coeur est tenté,
Il trouve le repos joint à l'autorité;
Et quand il n'y pourroit rien faire
Qui fut propre à le signaler;
Il est toujours beau de se taire
Lors que l'on sçait si bien parler.

OUVRAGES ÉDUCATIFS A L'USAGE DES FEMMES
ET
AVIS PARENTAUX SOUS L'ANCIEN RÉGIME

XIIe SIÈCLE

Etienne de Fougères, *Livre des manières* (ca 1170)

XIIIe SIÈCLE

Der Winsbeke (anonyme)
Die Winsbekin (anonyme)
Sordello, *Ensenhamens d'onor* (1225-50)
Jacques d'Amiens, *L'art d'amors*
Robert de Blois, *Le chastoiement des dames* (ca 1260)
Philippe de Novaire, *Des quatre tens d'aage d'ome*
En Amanieu de Sescas, *Ensenhamen de la donzela* (ca 1275)
Clef d'amors (anonyme, ca 1280)

XIVe SIÈCLE

Durand de Champagne, *Speculum Dominarum* (ca 1300)
Miroir des bonnes femmes (anonyme)
Francesco da Barberino, *Del reggimento e costumi di donna* (1307-15)
Saint-Louis, *Enseignemens à sa fille Isabelle* (1310-20)
———, *Conseils de Saint Louis à une de ses filles*
Dodici avvertimenti (anonyme)
Watriquet de Couvin, *Li mireoirs as Dames* (1319-29)
The Good Wife Taught Her Daughter (anonyme, ca 1350)

La Tour Landry, *Livre pour l'enseignement de ses filles* (1371-73)
Elisabeth de Bosnie, *Manuel d'education pour ses filles*
Francesch Eximeniz, *Libre de les dones* (1388)
Le Mesnagier de Paris (anonyme, 1392-94)
Alain Chartier, *Miroir aux Dames*

XVe SIÈCLE

Giovanni Dominici, *Regola del governo di cura familiare* (1403)
Antonin de Florence, *Opera a ben vivere*
———, *Regola di vità cristiana*
Jean le Chartreux, *Decor puellarum*
———, *Gloria mulierum*
Denys le Chartreux, *De laudabili vita coniugatorum*
———, *De laudabili vita viduarum*
———, *De laudabili vita virginum*
Ysambert de saint-Léger, *Le miroir des Dames* (tr. fr. 1526-31)
Jacques Legrand, *Livre des bonnes meurs* (ca 1411)
The Good Wyfe Wold A Pylgremage (anonyme)
Jean de Galles, *Communiloquium* (1496)
Jacques de Voragine, *Sermones de tempore (1497)*
———, *Chronica civitatis Ianuensis*
Guillaume Peyraut, *Summa de virtutibus et vitiis* (1497)
Christine de Pisan, *Le tresor de la Cité des Dames* (1406; Paris Chez A. Verard, 1497)

XVIe SIÈCLE

Christine de Pisan, *Le tresor de la Cité des Dames* (Paris, Chez M. le Noir, 1503)
Gabrielle de Bourbon, *Petits traités de devotion et d'instruction pour les jeunes filles de sa cour*
Symphorien Champier, *La nef des dames vertueuses* (1503)

Anne de France, *Enseignemens--A la requeste de tres haulte et puissante dame ma dame Suzanne de Bourbon* (1504-1505; Lyon, Chez le Prince, 1521)
Vivès, *Institution de la femme chrestienne* (1523)
Erasme, *Institution du mariage chrestien* (1526)
Pierre de Lesnauderie, *La Louenge de mariaige et recueil des hystoires des bonnes, vertueuses et illustres femmes* (1523)
Baldassare Castiglione, *Le courtisan* (1528; éd. princeps)
Anne de France, *Enseignemens moraux adressés à Marguerite de France* reyne de Navarre (Toulouse, Chez Jehan Barril, 1535)
Christine de Pisan, *Le tresor de la Cité des Dames* (Paris, Chez D. Janot, 1536)
Alessandro Piccolomini, *La Raffaella, dialogo della bella creanza delle donne* (1539)
F. Luigini, *Il libro della bella donna* (1554)
Giovanni Bruto, *La institutione di una fanciulla nata nobilmente* (1555)
Giovanni della Casa, *Le Galatée* (1558)
Hector de Beaulieu, *Doctrine et instruction des filles chrestiennes* (1565)
Advertissements et méditations nécessaires à une Dame chrétienne mariée, pour vivre en son état (anonyme, 1572)
Instruction pour les jeunes dames (trad. anonyme de *La Raffaella*, 1573)
Agostino Valerio, *Instruttione delle Donne maritate* (1575)
François d'Amboise, *Instruction aux jeunes dames, en forme de dialogue, par laquelle les dames apprendront comme elles doivent se bien gouverner en amour* (trad. de *La Raffaella*, 1577)
François d'Amboise, *Dialogues et devis des demoiselles, pour les rendre vertueuses et bienheureuses en la vraye amitié* (1581 & 1583)

Cosimo Agnelli, *Amorevole aviso alle Donne circa loro abusi* (1582)

Isabella Cortese, *I secreti, nei quali si contengono cosi mirabili ... appartenanti a ogni gran signora* (1584)

Orazio Lombardelli, *Dell'uffizio della donna maritata* (1584)

Instruction pour les jeunes dames (trad. de *La Raffaella* par M. de R., 1597)

XVIIe SIÈCLE

Giuseppe Passi Ravennate, *Dello stato maritale ...* (1602)

Quatrains de la Vanité du Monde pour l'éducation des deux sexes (anonyme, 1604)

Gilles de Rome, *De regimine principum libri III* (1607)

Thomas Sonnet de Courval, *Satyre ménippée ou Discours sur les poignantes traverses et incommoditez du mariage. Auquel les humeurs et complexions des femmes sont vivement représentées [...]* (1609)

André Valladier, *Speculum sapientiae matronalis, ex vita Franciscae romanae* (1609)

Louis Le Bermen, *Le bouclier des dames, contenant toutes leurs belles perfections* (1621)

Jean-Pierre Camus, *Palombe ou la femme honorable* (1625)

Richard Brathwait, *The English Gentlewoman* (1631)

Pierre du Bosc, *L'honneste femme* (1632-36)

Paul Caillet, *Le tableau du mariage [...] Enrichi de plusieurs rares curiosités, figures, emblemes, histoires, loyx, moeurs, et coustumes de diverses nations. Et illustré de fleurs poëtiques et oratoires, des plus celèbres auteurs anciens et modernes* (1635)

Jean Puget de la Serre, *Le réveille-matin des dames* (1638)

François de Grenaille, *L'honneste fille* (1639)

———, *L'honneste mariage* (1640)

Claude Maillard, *Le bon mariage, ou le moyen d'estre heureux, et faire son salut en estat de mariage, avec un Traité des vefves, livre très utile à ceux qui aspirent au mariage, ou qui ne sont encore déterminez à aucun estat et condition de vie* (1643)

François Dinet, *Le théâtre françois, des seigneurs & dames illustres. Divisé en deux parties. Avec le manuel de l'homme sage, & le tableau de la dame chrestienne* (1642)

Jean Cordier, *La famille saincte: où il est traitté des devoirs de toutes les personnes qui composent une famille* (1643)

François Du Soucy, sieur de Gerzan, *Le triomphe des dames* (1646)

Nicolas du Salut, *La vie de Mademoiselle de Neuvillars, miroir de perfection pour les femmes mariées, et pour les âmes dévotes* (1649)

Claude Decret, *La vraye veuve, ou l'idée de perfection en l'estat de viduité* (1650)

Jacqueline Pascal, *Réglement pour les enfants de Port-Royal* (1657)

Fortin de la Hoguette, *Testament, ou conseils fidèles, d'un bon pere à ses enfants, où sont contenus plusieurs raisonnemens chrestiens, moraux, & politiques* (1658)

Abbé Cernay, *Le pédagogue des familles chrestiennes contenant un recueil de plusieurs instructions sur diverses matières [...]* (1662)

Clément, Elisabeth Marie, *Dialogue de la princesse sçavante et de la dame de famille. Contenant l'art d'élever les jeunes dames dans une belle & noble éducation* (1664)

Thomas Le Blanc, *La direction et la consolation des personnes mariées, ou les moyens infaillibles de faire un mariage heureux, d'un qui serait malheureux, avec l'abrégé des vies de quelques Saincts et de quelques sainctes qui ont beaucoup souffert dans leurs mariages* (1664)

Claude Joly, *Les deux livres de l'estat de mariage, composés en latin par François Barbaro gentil-homme vénitien* [...] (1667)

Giovanni Leonardi, *Trattato utilissimo del vano ornamento delle donne* (1673)

Poulain de la Barre, *De l'éducation des Dames, pour la conduite de l'esprit dans les sciences et dans les moeurs* (1674)

Guillaume Le Roy, *Du devoir des meres avant et après la naissance de leurs enfans* (1675)

Ch. Trotti de La Chétardie, *Instruction pour une jeune princesse, ou l'idée d'une honneste femme* (1684)

Pierre Coustel, *Les regles de l'éducation des enfans, où il est parlé en détail de la manière dont il se faut conduire, pour leur inspirer les sentimens d'une solide pieté; & pour leur apprendre parfaitement les belles Lettres* (1687)

Fénelon, *De l'éducation des filles* (1687)

George Saville, marquis de Halifax, *Conseils d'un homme de qualité à sa fille* (1688)

Abbé Ambroise Paccori, *Avis salutaires à une mère chrétienne, pour se sanctifier dans l'éducation de ses enfans* (1689)

Baldassare Castiglione, *Le parfait courtisan de la dame de Cour* (trad. nouv. de l'italien, 1690)

Jean Girard de Villethierry, *La vie des vierges, ou les devoirs et les obligations des vierges chrétiennes* (1693)

Abbé Goussault, *Le portrait d'une femme honneste, raisonnable et véritablement chrétienne* (1694)

Jean Girard de Villethierry, *La vie des gens mariez, ou les obligations de ceux qui s'engagent dans le mariage* (1695)

———, *La vie des veuves, ou les devoirs et les obligations des veuves chrestiennes* (1697)

Jeanne de Schomberg, duchesse de Liancourt, *Reglement donné par une Dame de haute qualité à M^xxx sa petite-fille pour sa Conduite, & pour celle de sa Maison* (Paris, Chez A. Leguerrier, 1698)

XVIIIe SIÈCLE

Gabrielle Suchon, *Du célibat volontaire, ou la vie sans engagement* (1700)
Abbé Ambroise Paccori, *Avis salutaires aux pères, et aux mères qui veulent se sauver par l'éducation chrétienne qu'ils doivent à leurs enfans* (1701)
Jean du Pradel, *Traité contre le luxe des hommes et des femmes, et contre le luxe avec lequel on élève les enfans de l'un et l'autre sexe* (1705)
Nicolas Du Puy La Chapelle, *Instruction d'un père à sa fille, tirée de l'Ecriture sainte. Sur la religion, les moeurs, & la manière de se conduire dans le monde* (1707)
Jeanne de Schomberg, *Reglement donné par une Dame de haute qualité à M^{xxx} sa petite-fille pour sa Conduite, & pour celle de sa Maison* (Paris, Chez F. Delaulne, 1718)
J. Desmothes, *Les devoirs des filles chrétiennes, pour une vie chaste et vertueuse dans le monde* (1719)
Ambroise Paccori, *Avis salutaires aux pères et aux mères qui veulent se sauver par l'éducation chrétienne qu'ils doivent à leurs enfans* (1719)
Jacques-Joseph Duguet, *Conduite d'une dame chrétienne pour vivre saintement dans le monde* (1725)
Mme de Lambert, *Réflexions nouvelles sur les femmes par une dame de la Cour de France* (1727)
———, *Avis d'une mère à son fils et à sa fille* (1728)
Abbé Castel de Saint-Pierre, *Projet pour perfectionner l'éducation des filles* (1728)
Abbé Jean-Baptiste Drouet de Maupertuis, *La femme faible, où l'on représente aux femmes les dangers auxquels elles s'exposent par un commerce fréquent et assidu avec les*

hommes; à quoi on a joint quelques avis touchant leur conduite, par Madame de S [...] (1733)

Mme de Puisieux, *Conseils à une amie* (1749)

Mme Leprince de Beaumont, *Instructions pour les jeunes filles qui entrent dans le monde, se marient, leurs devoirs dans cet état et envers leurs enfans, pour servir de suite au «Magasin des adolescentes»* (1764)

Mme de Benoist, *Sophronie, ou leçon prétendue d'une mère à sa fille* (1769)

De Cerfvol, *La gamalogie, ou de l'éducation des jeunes filles destinées au mariage. Ouvrage dans lequel on traite de l'excellence du mariage, de son utilité politique et de sa fin et de ses causes qui le rendent heureux ou malheureux* (1772)

Retif de La Bretonne, *La femme dans les trois états de fille, d'épouse et de mère; histoire morale, comique et véritable* (1773)

Mme d'Epinay, *Les conversations d'Emilie* (1774)

Abbé Le More, *Principes d'institutions ou de la manière d'élever les enfans des deux sexes par rapport au corps, à l'esprit et au coeur* (1774)

Mme Chaumet d'Ormoy, *Les malheurs de la jeune Emilie, pour servir d'instruction aux âmes vertueuses et sensibles* (1777)

Jeanne de Schomberg, *Réglement donné par Madame la Duchesse de Liancour, à Mlle de La Roche-Guyon sa petite-fille, pour sa conduite, & pour celle de sa maison; Avec un autre Réglement que cette Dame avoit dressé pour elle-même: Suivi du Devoir des Grands, de Monseigneur le Prince de Conti, avec son Testament* (1779)

INDEX

ABRÉVIATIONS

ANCIEN TESTAMENT:

Gn	Genèse
Ex	Exode
Lv	Lévitique
Dt	Deutéronome
1 Sm	Premier livre de Samuel
Jb	Job
Ps	Psaumes
Pr	Proverbes
Ec	Ecclésiate
Ecq	Livre de l'Ecclésiastique
Is	Isaïe
Jr	Jérémie

NOUVEAU TESTAMENT:

Mt	Evangile selon Matthieu
Mc	Evangile selon Marc
Lc	Evangile selon Luc
Jn	Evangile selon Jean
Ac	Actes des Apôtres
Rm	Epître de Paul aux Romains
1 Cor	Première épître de Paul aux Corinthiens
2 Cor	Deuxième épître de Paul aux Corinthiens
Ga	Epître de Paul aux Galates
Ep	Epître de Paul aux Ephésiens
Ph	Epître de Paul aux Philippiens

Col	Epître de Paul aux Colossiens
1 Th	Première épître de Paul aux Thessaloniciens
2 Th	Deuxième épître de Paul aux Thessaloniciens
1 Tm	Première épître de Paul à Thimothée
2 Tm	Deuxième épître de Paul à Thimothée
Ti	Epître de Paul à Tite
Hb	Epître aux Hébreux
Ja	Epître de Jacques
1 Pi	Epître de Pierre

BIBLIOGRAPHIE

I - LES ÉDITIONS DU *REGLEMENT*

Jeanne de Schomberg, *Reglement donné par une Dame de haute qualité à M^{xxx} sa petite-fille pour sa Conduite, & pour celle de sa Maison: Avec un autre Reglement que cette Dame avoit dressé pour elle-mesme,* A Paris, Chez Augustin Leguerrier, ruë S. Jacque, près les Maturins, à l'Arche-d'Alliance, 1698.

———, *Reglement donné par une Dame de haute qualité à M^{xxx} sa petite-fille pour sa Conduite, & pour celle de sa Maison. Avec un autre Reglement que cette Dame avoit dressé pour elle-même*, A Paris, Chez Florentin Delaulne, rue Saint-Jacques, à l'Empereur, 1718.

———, *Réglement donné par Madame la Duchesse de Liancour, à Mlle de La Roche-Guyon sa petite-fille, pour sa conduite, & pour celle de sa maison; Avec un autre Réglement que cette Dame avoit dressé pour elle-même: Suivi du Devoir des Grands, de Monseigneur le Prince de Conti, avec son Testament*, A Paris, Chez Saugrain & Lamy, Libraires, Quai des Augustins, au coin de la rue Pavée, 1779.

———, *Réglement donné par Madame la Duchesse de Liancour, à Mlle de La Roche-Guyon sa petite-fille, pour sa conduite, & pour celle de sa Maison; Avec un autre Réglement que cette Dame avoit dressé pour elle-même: Suivi du Devoir des Grands, de Monseigneur le Prince de Conti, avec son Testament*, A Paris, Chez la Veuve

Méquignon & Méquignon Junior, Libraires, rue de la Juiverie, 1779.

———, *De l'éducation chrétienne des jeunes gens et des jeunes demoiselles; ouvrage utile et nécessaire aux enfans de l'un et de l'autre sexe, ainsi qu'aux Instituteurs et Institutrices, et aux parens qui veulent donner la dernière instruction à leur famille: Terminé par quelques Anecdotes chrétiennes et morales*, A Paris, Chez Cretté et Belin, 1811.

———, *Vie de Madame la Duchesse de Liancourt, Avec le Réglement qu'elle donna à sa Petite-Fille pour sa conduite et pour celle de sa Maison; Par l'Abbé Boileau. Suivie des Entretiens sur les Devoirs de la Vie civile, et sur plusieurs points importans de la Morale chrétienne; Par M. l'Abbé Marsollier. Terminé par quelques Anecdotes intéressantes et morales*, A Paris, Chez Cretté, Libraire, rue Saint-Martin, nos 94 et 98, 1814.

———, *Réglement donné par la Duchesse de Liancourt à la Princesse de Marsillac avec une notice sur la Duchesse de Liancourt par la Marquise de Forbin d'Oppede,* A Paris, E. Plon et Cie, Imprimeurs-Editeurs, 1881.

II - RÉFÉRENCES À JEANNE DE SCHOMBERG, DUCHESSE DE LIANCOURT ET ÉTUDES SUR LE *REGLEMENT*

Adam, Antoine, *Histoire de la littérature du XVIIe siècle*, Paris, 1960-1961, t. II, p. 146, 194, 473, 537.

Chapelain, Jean, *Lettres*, éd. Ph. Tamizey de Larroque, 2 t., Paris, Imprimerie Nationale, 1880-1883, t. I, p. 130, 260-64, 285, 300.

Constant, Paule, *Le monde à l'usage des demoiselles*, Paris, Gallimard, 1987, p. 322-24.

Evelyn, John, *Diary and Correspondence*, éd. E. S. De Beer, London, Oxford, University Press, 1959, p. 64-5.

Fontaine, Nicolas, *Mémoires pour servir à l'histoire de Port-Royal* (Utrech, 1736), 2 t., Genève, Slatkine Reprints, 1970, t. II, p. 445-48, 465-67.

Grente, C^al^ Georges, éd., *Dictionnaire des Lettres françaises, Le dix-septième siècle*, Paris, Libr. Arthème Fayard, 1954.

Hermant, Godefroy, *Mémoires*, éd. A. Gazier, 6 t., Paris, 1905-1910, t. III, p. 491.

Jal, Auguste, *Dictionnaire de biographie et d'histoire*, 2e éd., Paris, 1872, «Brissac».

Lancelot, Claude, *Mémoires touchant la vie de M. de Saint-Cyran*, 2 t., Cologne, 1738, t. I, p. 131.

Leclerc, Abbé Pierre, *Vies intéressantes et édifiantes des Religieuses de Port Royal et de plusieurs personnes qui leur estoient attachées*, 4 t., Cologne, 1750, t. I, p. 411-56.

Lesaulnier, Jean, «Les Liancourt, leur hôtel et leurs hôtes (1631-1674), in *Images de La Rochefoucauld, Tricentenaire*, éd.

Jean Lafond et Jean Mesnard, Paris, Presses Universitaires de France, 1984, p. 167-200.

Michaud, éd., *Bibliographie universelle*, Paris, Madame C. Desplaces, 1855, t. XXIV, p. 471.

Rapin, René, *Mémoires sur l'Eglise et la société, la cour, la ville et le Jansénisme (1644-1669)*, publ. d'après le manuscrit autographe par Léon Aubineau, 3 t., Paris, Gaume et Duprey, 1865, t. I, p. 98-101, 492.

Renty, Gaston de, *Correspondance*, éd. Raymond Triboulet, Paris, 1978, p. 919-20.

Saint-Simon, *Mémoires*, éd. A. de Boislisle, J. Lecestre et J. de Boislisle, 41 t., Paris, 1879-1930, t. III, p. 214-15; t. IV, p. 93; t. V, p. 22-23, 86; t. XXIV, p. 156.

Sainte-Beuve, C.-A., *Port-Royal*, éd. René-Louis Doyon & Charles Marchesne, 10 t., Paris, «La Connaissance», 1926-1932, t. I, p. 177; t. II, p. 682, 952, t. V, p. 175-83.

Tallemant des Réaux, Gédéon, *Les historiettes--Mémoires pour servir à l'histoire du XVIIe siècle*, 2e éd., MM. Monmerque, 9 t., Paris, Dilloge, 1840, t. VI, p. 26.

Timmermans, Linda, *L'accès des femmes à la culture (1598-1715)*, Paris, Champion, 1993, p. 96, 192, 210, 430, 682, 694-95, 788.

Winn, Colette H., «'De mères en filles': les manuels d'éducation sous l'Ancien Régime», *Atlantis* 19. 1, automne-hiver 1993, p. 23-9.

———, «La *dignitas mulieris*: les enjeux idéologiques d'une appropriation--du XVe au XVIIe siècle», in *Ecrits de femmes à la Renaissance*, éd. Anne R. Larsen et Colette H. Winn, *Etudes Littéraires* 27. 2, automne 1994, p. 11-24.

———, «La fille à l'image de la mère: Jeanne de Schomberg, *Reglement donné par une dame de haute qualité ... à sa petite-fille ...* (1698)», *Papers on French Seventeenth-Century Literature*, vol. XXII, n° 43, 1995, p. 359-67.

III - SOURCES

Alciat, André, *Le livre du duel et combat singulier*, trad. I.D.L.F., Paris, J. André, 1550. (BL G. 2305)

Arnauld, Antoine, *De la fréquente communion ou les sentimens des Peres, des Papes, et des Conciles, touchant l'usage des Sacremens de Penitence & d'Eucharistie, sont fidelement exposez*, Paris, Antoine Vitré, 1643. (BN Rés. D. 6291)

———, *Lettre à une personne de condition*, Paris, 1655. (BN Ld^{4} 203)

———, *Réponse à la lettre d'une personne de condition*, Paris, 1654. (BN D. 12458)

———, *Seconde lettre à un duc et Pair de France*, Paris, 1665. (BN Ld^{4} 203)

Aubineau, Léon, *Notices littéraires sur le XVIIe siècle*, Paris, 1859.

Augustin, s., *La Cité de Dieu*, trad. fr. G. Combès, 10 t., Paris, Desclée de Brouwer, 1960.

———, *De Doctrina christiana*, Vindobonae, Corpus scriptorum ecclesiasticorum latinorum v. 80, Hoelder-Pichler, Tempsky, 1963.

Bodin, Charles, sieur de Freteil, *Discours contre les duels*, Paris, Chez Toussainct du Bray, 1618. (BL 501 a 23)

Boissat, Pierre, seigneur de Licieu, *Recherches sur les duels dediees à haut et puissant seigneur Charles, sire de Crequi*, A Lyon, Par Irene Barlet, 1610. (BN *E 222)

Bossuet, *Sermons*, Extrait des *Oeuvres choisies de Bossuet* par J. Calvet, Paris, Librairie Hatier, n.d.

———, *Sermon sur la mort et autres sermons*, chronologie, préface et bibliographie par Jacques Truchet, Paris, Garnier-Flammarion, 1970.

Brantôme, Pierre de Bourdeille, *Discours sur les duels,* in *Oeuvres complètes*, publiées pour la Société de l'Histoire de France par L. Lalanne, Paris, Vve Renouard, 1862.

Camus, Jean-Pierre, évêque de Belley, *Homélies des Etats-Généraux (1614-1615)*, éd. Jean Descrains, Genève, Droz; Paris, Minard, 1970.

———, *Acheminement à la dévotion civile*, Toulouse, G. Colombiez, 1624. (BN D. 17647)

———, *Palombe ou la femme honorable*, éd. H. Rigault, Paris, Librairie Hachette et Cie, 1853.

———, *Homélies Dominicales de Messire Jean-Pierre Camus Evesque et Seigneur de Belley – De plus augmenté de plusieurs excellents sermons traictant des Dignitez et Cérémonies de l'Eglise*, nouvelle édition, Rouen, Chez Michel du Squillet, 1636.

Caussin, le P., *La Cour sainte du R. Père Nicolas Caussin de la Compagnie de Jésus, Tome Premier*, Paris, Chez Denis Bechet, 1624. (BN D. 29420)

Chevassu, Joseph, *Missionnaire paroissial*, Lyon, J. & P. Deville, 1753.

Chrysostome, Jean, *Sur la vaine gloire et l'éducation des enfants*, éd. Anne-Marie Malingrey, Paris, Cerf, 1972.

Corneille, Pierre, *Théâtre complet,* éd. Georges Couton, 2 vol., Paris, Garnier, 1971.

Courtin, Antoine de, *Nouveau traité de la civilité qui se pratique en France parmi les honnêtes gens*, nouvelle édition, reveüe & augmentée, A Paris, Chez Helie Josset, 1677. (Bodl. Vet. E3. f.2)

———, *Suite de la civilité françoise, ou traité du point d'honneur, & des règles pour converser et se conduire sagement avec les incivils et les fâcheux*, A Paris, Chez Helie Josset, 1676. (BL 8410 b. 17)

Coustel, Pierre, *Les règles de l'éducation des enfans, où il est parlé en détail de la manière dont il se faut conduire, pour leur inspirer les sentimens d'une solide pieté; & pour leur apprendre parfaitement les belles Lettres*, 2 t., A Paris, Chez Estienne Michallet, 1687. (BN microfilm m. 1033)

Daille, Jean, *Vint sermons prononcés à Charenton sur certains jours et certains temps de l'année*, Genève, Pour Pierre Chouët, 1658.

Dinet, François, *Le théâtre françois, des seigneurs et dames illustres. Divisé en deux parties. Avec le manuel de l'homme sage, & le tableau de la dame chrestienne*. N. & J. de La Coste, 1642. (BN 4°L12. 1)

Fortin de la Hoguette, *Testament, ou conseils fidèles, d'un bon pere à ses enfants, où sont contenus plusieurs raisonnemens chrestiens, moraux, & politiques*, neufiesme edition, corrigée en plusieurs endroits & augmentée de divers traittez, A Paris, Chez Pierre Le Petit, 1658. (Bodl. 80 N.64 GA)

François de Sales, s., *Introduction à la vie dévote* (1609), éd. Robert Morel, Le Jas, par Forcalquier, Haute Provence, 1963.

———, *Le livre des quatre amours* (1616), textes présentés par le Chanoine R. Desjardins, Tournai, Desclée, 1964.

Girard de Villethierry, P., *La vie des gens mariez, ou les obligations de ceux qui s'engagent dans le mariage: prouvees par l'Ecriture, par les saints Peres, & par les Conciles*, nouvelle édition, revue, corrigee & augmentee, Paris, Dammoneville, 1743.

Gobinet, Charles, *Instruction Concerning Penance and Holy Communion, The Second Part of the Instruction of Youth, Containing the Means How We May Return to God by Penance, and Remain in His Grace by the Good and Frequent Use of the Sacraments*, Londres, 1689. (BL 1120 d 24)

Gournay, Mlle de, *Si la vangeance est licite*, in *Les advis ou les presens de la demoiselle de Gournay, troisiesme edition, augmentée, reveuë & corrigée*, Paris, Chez Jean du Bray, 1641.

Joly, Guillaume, *La conivration contre les duels*, A Paris, Chez Pierre Chevalier, 1613. (BN *E 4523)

Jouvency, P. de, *De la manière d'apprendre et d'enseigner (De ratione discendi et docendi) conformément au décret de la XIVe congrégation générale*, trad. fr. par H. Ferté, Paris, Librairie Hachette & Cie, 1892. (BN microfilm m. 7313)

La Fontaine, Jean, *Recueil de poësies chrêtiennes et diverses dédié à Mgr le Prince de Conty*, A Paris, Chez Jean Couterot, 1679. (BN Ye 8186)

———, *Oeuvres complètes,* 2 t., Paris, Gallimard, Coll. La Pléiade, 1954, t. II, éd. Pierre Clarac.

Lamy, François, *De la connoissance de soi-mesme,* Paris, Chez A. Pralard, 1694-98. (Ars. 8[o]S.2150[1-4])

Le Moyne, Pierre, *La dévotion aisée*, A. de Sommaville, 1652. (BN D. 18261)

La Rochefoucauld, *Oeuvres complètes*, éd. Alexis Doinet, Paris, Chez Napoléon Chaise et Cie, 1865.

Le Roy, Guillaume, abbé de Haute-Fontaine, *Du devoir des meres avant et après la naissance de leurs enfans*, A Paris, Chez Guillaume Desprez, 1675. (BN D. 2084)

Les règles de la sagesse ou la maniere de se conduire saintement dans la vie chrétienne. Tirées de l'Ecriture Sainte, des Pères de l'Eglise, & des Philosophes, A Paris, Chez Jean Couterot, & Louis Guerin, 1685. (BN D. 3388)

Loret, Jean, *La muse historique, ou recueil de lettres en vers contenant les nouvelles du temps (1650-1655)*, éd. J. Ravenel et E.V. de la Pelouze, 4 vol., Paris, Jannet, 1857-1878, *Lettre ravissante*, 25 avril 1652. (BN 8° Lc^2. 20. a)

Marguerite de Navarre, *Nouvelles lettres de la Reine de Navarre adressées au Roi François Ier, son frère*, éd. François Génin, Paris, Jules Renouard et Cie, 1892.

Nemours, Madame la duchesse de, *Les regrets de Madame la duchesse de Nemours sur la mort du duc son mari*, A Paris, Chez la Vve I. Guillemot, 1652. (BN Ye 4133)

Outreman, Philippe d', *Le vray pedagogue chrestien: nouvellement mis dans la pureté de la langue françoise, a l'instance des curez, vicaires, & catechistiques missionnaires: contenant en trois parties les poincts principaux de la perfection Chrestienne*, A Lyon, Chez François Labottiere, 1658.

Pascal, Blaise, *Oeuvres complètes*, éd. Jacques Chevalier, 4 vol., Paris, Gallimard, Coll. La Pléiade, 1954.

Pascal, Jacqueline, *Réglement pour les enfants*, in *Lettres, opuscules et mémoires de Madame Périer et de Jacqueline, soeurs de Pascal, et de Marguerite Périer, sa nièce*, publiés par M. Armand Prosper Faugère, Paris, Auguste Vaton, Libraire-Editeur, 1845.

Pisan, Christine de, *Le livre des trois Vertus*, intr. et notes par Charity Cannon Willard, texte établi en collaboration avec Eric Hicks, Paris, Champion, 1989.

Sacy, Le Maistre de, *Homelies ou sermons de S. Jean Chrysostome patriarche de Constantinople. Qui contiennent son commentaire sur tout l'Evangile de S. Matthieu avec des exhortations où les principales regles de la vie & de la morale chrestienne sont excellemment expliquées.* Traduits en François par Paul Antoine de Marsilly, 3 t., A Paris, Chez Pierre Le Petit, 1664. (BN C. 2062)

Savaron, Jean, sieur de Villars, *Traicté contre les duels avec l'édict de Philippes le Bel de l'an M.CCC.VI. non encores imprimé,* A Paris, Adrian Perier, 1610. (BN E 50179)

Scudéry, Madeleine de, *Artamene ou le grand Cyrus*, 10 vol., Genève, Slatkine Reprints, 1972.

Sévigné, Mme de, *Correspondance*, éd. Roger Duchêne, 3 vol., Paris, Gallimard, 1972-1978.

Surin, Jean-Joseph, jésuite, *Guide spirituel pour la perfection* (1661), éd. Michel de Certeau, Paris, Desclée de Brouwer, 1963.

Turlot, Nicolas, *Thrésor de la Doctrine chrétienne, découvert en sorte qu'il n'est besoin d'aucune recherche pour l'enseigner ou pour l'apprendre, recueilly et mis en lumière par Nicolas Turlot*, Lyon, P. André, 1657.

Vincent de Paul, s., *Sermons*, publiés par M. l'Abbé Jeanmaire, 2 t., Paris, Ph. Baldeveck, 1859.

———, *Correspondance, entretiens, documents*, éd. Pierre Coste, 12 t., Paris, Librairie Lecoffre, J. Gabalda, Editeur, 1924.

IV - ETUDES

Albistur, Maïté et Daniel Armogathe, *Le grief des femmes*, Paris, Editions de Hier et Demain, 1978.

Ariès, Philippe, *L'enfant et la vie familiale sous l'Ancien Régime*, Paris, Plon, 1960.

Armstrong, Nancy et Leonard Tennenhouse, éd., *The Ideology of Conduct. Essays on Literature and the History of Sexuality*, New York & Londres, Methuen, 1987.

Baader, R., «Die Literatur der Frau oder die Aufklärung der Kleine Schritte», in *Neues Handbuch der Literaturwissenschaft*, Wiesbaden, Athenaion, 1980, t. XIII, p. 79-106.

Bady, René, *L'homme et son «Institution» de Montaigne à Bérulle (1580-1625)*, Paris, «Les Belles Lettres», 1964.

Billacois, François, *Le duel dans la société française des XVIe-XVIIe siècles--Essai de psychosociologie historique*, Civilisations et Sociétés 73, Paris, Editions de l'Ecole des Hautes Etudes en Sciences Sociales, 1986.

Bornstein, Diane, *The Lady in the Tower. Medieval Courtesy Literature for Women,* Hamden, Connecticut, The Shoe String Press, 1983.

Brémond, Henri, *Histoire littéraire du sentiment religieux en France* [1916-1932], 11 t., Paris, A. Colin, 1967-1971.

Calvet, J., *La littérature religieuse*, t. V, *De François de Sales à Fénelon*, Paris, Les Editions Mondiales, 1956.

Casagrande, Carla, «La femme gardée», in *Histoire des femmes*, éd. Georges Duby et Michelle Perrot, 5 vol., Paris, Plon, 1989, vol. II, *Le Moyen Age*, dir. Christiane Klapisch-Zuber, p. 83-116.

Catalogue chronologique des libraires et des librairies--Imprimeurs de Paris, Amsterdam, B.R. Grüner-Editeur, 1969.

Chartier, Roger, *Lectures et lecteurs dans la France d'Ancien Régime*, Paris, Seuil, 1987.

———, éd., *De la Renaissance aux Lumières*, vol. III, in *Histoire de la vie privée*, gén. éd. Philippe Ariès et Georges Duby, Paris, Seuil, 1986.

Chatellier, Louis, *L'Europe des dévots*, Paris, Flammarion, «Nouv. Bibl. Scientifique», 1987.

Cognet, Louis, *La spiritualité moderne*, 3 t., Paris, Aubier, Coll. Histoire de la Spiritualité Chrétienne, 1966.

———, «Le mépris du monde à Port-Royal et dans le Jansénisme», *Revue d'ascétique et de mystique*, tome XLI, 3 (1965), 163, p. 387-402.

Constant, Jean-Marie, *La vie quotidienne de la noblesse française aux XVIe-XVIIe siècles*, Paris, Hachette, 1985.

Constant, Paule, *Un monde à l'usage des demoiselles*, Paris, Gallimard, 1987.

Courtine, Jean-Jacques et Claudine Haroche, *Histoire du visage--Exprimer et taire ses émotions XVIe-début XIXe siècle*, Paris, Rivages/Histoire, 1988.

Cuénin, Micheline, *Le duel sous l'Ancien Régime*, Presses de la Renaissance, 1982.

Delforge, Frédéric, *Les petites écoles de Port-Royal*, Paris, Editions du Cerf, 1985.

Dubois, Elfrieda, «Le Père Le Moyne et *La dévotion aisée*», in *Les Jésuites parmi les hommes aux XVIe et XVIIe siècles*, Clermont-Ferrand, Publications de la Faculté des Lettres et Sciences Humaines de l'Université de Clermont-Ferrand II, fascicule 25, 1987, p. 153-62.

Elias, Norbert, *La civilisation des moeurs (Uber den Prozess der Zivilisation*, 1939), Paris, Calmann-Levy, «Coll. Agota», 1973.

Gallia Typographica ou répertoire bibliographique et chronologique de tous les imprimeurs de France par Georges Lepreux, Paris, Champion, 1991, t. 1, «Série parisienne» (Paris et l'Ile-de-France).

Geffriaud Rosso, Jeannette, *Etudes sur la féminité aux XVIIe et XVIIIe siècles*, Pise-Paris, Goliardica-Nizet, 1984.

Hahn, Aloïs, «'La sévérité raisonnable'-La doctrine de la confession chez Bourdaloue», in *La pensée religieuse dans la littérature et la civilisation du XVIIe siècle en France*, actes du colloque de Bamberg (1983), éd. Manfred Tietz et Volker Kapp, Paris-Seattle-Tübingen, 1984, p. 19-43.

Hentsch, Alice, *De la littérature didactique du Moyen Age s'adressant spécialement aux femmes* [1903], Genève, Droz, 1975.

Hepp, Noémi, «La notion d'héroïne», in *Onze études sur l'image de la femme dans la littérature française du dix-septième siècle*, éd. Wolfgang Leiner, Tübingen, TBL Verlag Gunter Narr; Paris, Edition Jean-Michel Place, 1984, p. 9-27.

Kapp, Volker, «La théologie des réalités terrestres dans *La Cour sainte* de N. Caussin», in *Les Jésuites parmi les hommes aux XVIe et XVIIe siècles*, p. 142-52

Knibiehler, Yvonne & Catherine Fouquet, *L'histoire des mères du Moyen Age à nos jours* [1977], Montalba-Hachette, 1982.

Maclean, Ian, *Woman Triumphant – Feminism in French Literature 1610-1652*, Oxford, The Clarendon Press, 1977.

Marceau, William, *Le stoïcisme et saint François de Sales*, Roanne, Editions Horvath, n.d.

Matthews Grieco, Sara F., «Corps, apparence et sexualité», in *Histoire des femmes*, vol. III, *XVIe-XVIIe siècles*, dir. Natalie Zemon Davis et Arlette Farge, p. 59-94.

Murphy, Ruth, *Saint François de Sales et la civilité chrétienne*, Paris, Nizet, 1964.

Paris, Charles B., *Marriage in XVIIth-Century Catholicism--The Origins of A Religious Mentality: The Teaching of «L'Ecole française» (1600-1660)*, Tournai, Desclée & Cie; Montréal, Bellarmin, 1975.

Power, Eileen, *Les femmes au Moyen Age*, trad. Jean-Michel Denis, Paris, Aubier-Montaigne, 1979.

Réau, L., *Iconographie de l'art chrétien*, 2 t., Paris, Presses Universitaires de France, 1956.

Renouard, Ph., *Répertoire des imprimeurs parisiens*, Paris, 1965.

Ruddick, Sara, «Maternal Thinking», in *Mothering: Essays in Feminist Theory*, éd. Joyce Trebilcot, Totowa, N. J., Rowman and Allanheld, 1984, p. 213-30.

Snyders, Georges, *La pédagogie en France aux XVIIe et XVIIIe siècles*, Paris, PUF, 1965.

Timmermans, Linda, *L'accès des femmes à la culture (1598-1715)*, Paris, Champion, 1993.

Truchet, Jacques, «La substance de l'éloquence sacrée d'après le XVIIe siècle français, *XVIIe Siècle»*, 29, octobre 1955, p. 309-30.

Waquet, Françoise, «La mode au XVIIe siècle: de la folie à l'usage», *Cahiers de l'Association Internationale des Etudes Françaises*, 38, mai 1986, p. 91-104.

TABLE DES MATIÈRES